親子でめぐる！御城印さんぽ

御(ご)城(じょう)印(いん)

知れば100倍 面白くなる！

今泉慎一&おもしろ城郭史研究会［編］

青春出版社

巻頭特集

親子で楽しむ御城印と城

名城・小田原城ですみずみまで遊ぼう！

五代にわたって関東を支配し続けた北条家の本拠地、小田原城は難攻不落の城として知られている。武田信玄や上杉謙信といった名だたる戦国武将たちが、大軍を率いても攻め落とすことができなかったこの城は、江戸時代になっても要地としてさらに発展。1870（明治3）年に廃城するまで、関東の入り口として重要な役割を担い続けた――。

知ればもっと楽しめる 小田原城のキホン

Q1 戦国時代の小田原城は誰の城だったの？

15世紀中頃、大森家が築いたとされる。1501（文亀元）年頃までに伊勢宗瑞（いせそうずい／後の北条早雲）が支配下においた。それから五代にわたって北条家が拠点とした。北条家滅亡後、江戸時代には幕府の譜代大名が小田原城を居城とした。

Q2 北条家の初代だった早雲ってどんな人？

元々は京都で室町幕府の役人だったが、駿河国（現在の静岡県東部）の今川家のもとへ。その後、内紛状態だった隣の伊豆国（現在の伊豆半島）を平定。そして小田原を拠点に。策略に長けて大出世した「創業社長」のような戦国武将だ。

Q3「北条五代」というけれど残りの４人はどんな人？

武蔵、駿河、下総まで領土拡大した二代・氏綱（うじつな）。三代・氏康（うじやす）は関東一円を手中に収めたが、四代・氏政（うじまさ）は豊臣秀吉との戦で敗れ切腹。五代・氏直（うじなお）は高野山に追放され、20代で病死してしまった。

Q4 信玄や謙信にも勝ったってホント？

1561（永禄4）年、長尾景虎（後の上杉謙信）が10万もの兵を引き連れて包囲。1569（永禄12）年には、武田信玄も戦いを仕掛けて来た。しかし氏康・氏政は籠城作戦で抵抗し、結局両軍とも撤退。城を信じて見事勝利を収めた。

Q5 関東最大の戦 小田原合戦とは？

豊臣秀吉が1590（天正18）年、自身の命令に従わない北条家の拠点・小田原城へ。対する北条家は総延長9km（12kmとも）におよぶ、土塁と堀の総構（そうがまえ）で守備強化していたが、城兵5～8万に対し、秀吉軍は20万以上だったという。城は3カ月籠城し武力攻撃に耐えたが、もはや勝ち目なしと判断し降伏した。

1 往時の登城路をたどって馬出門からいざ入城！

小田原城の入り口は複数あるが、江戸時代の正規登城ルートに従いまず訪れたのは馬出門(うまだしもん)。近づいて見たら思った以上に門が高くて驚く。馬に乗ったままでも通れるように高くしたと聞いて納得。

入り口の顔ハメ看板で忍者に変身!!

馬出門の高さは約6.3m。白い土塀には三角形の鉄砲狭間や長方形の矢狭間が設けられている

3 遊んで「忍務」を遂行 仕掛け満載のNINJA館

北条家を陰で支えた忍者集団の「風魔（ふうま）」。彼らにスポットを当てた体験型展示施設が2019（平成31)年4月にオープン。飛んだり登ったり、体を動かしながら忍者の技や知識について楽しく学べる。

●入館310円（小中学生100円）

※2020年8月18日現在休館中

2 美しいだけじゃない！戦闘性バツグンの銅門

次にやって来た銅門（あかがねもん）は、大扉が銅板で装飾されていて華やかな印象だ。しかし、門前で見上げると「石落とし」が。攻め入る敵の頭上に石を落とすために設けられたもの。石が尽きると熱湯をかけて防衛していたとか！

扉に使われた銅の装飾は合計3tにもおよぶ。土・日曜、祝日には銅門内の見学もOK

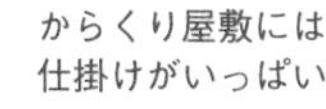

からくり屋敷には
仕掛けがいっぱい

別名「隠れ身の術」で
敵の目をくらまそう

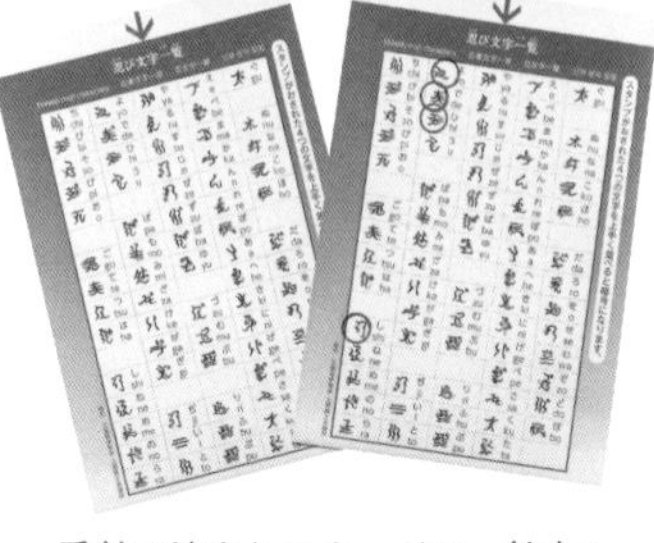

受付で渡されるカードに、館内4カ所でスタンプを押して暗号を解読しよう。天守閣に持参するとオリジナルグッズがもらえる

バーチャル手裏剣を投げて
敵を倒す体験型ゲーム

手裏剣を投げまくってようやく勝利！

門に打ち付けられているのは銅板より丈夫な鉄板

4 武器の貯蔵庫でもあった本丸入り口の常盤木門

小田原城にある城門のうち、最も規模が大きくて堅固なのが常盤木門（ときわぎもん）。登城路は徐々に登りながら、門の手前で直角に折れている。敵の勢いを止め、門の上の渡櫓門からの攻撃で侵入を阻止するのだ。

長屋状の渡櫓門から城兵が攻撃する仕組み

6 武士とお姫様に大変身 常盤木門 SAMURAI 館

常盤木門の櫓（やぐら）内部は、本物の甲冑（かっちゅう）や刀剣を展示するミュージアム。着付け体験コーナーで甲冑や打掛（うちかけ）、忍者衣装（にんじゃいしょう）をレンタルして戦国時代にタイムスリップ。

●入館200円（小中学生60円）、着付体験500円（小学生以下300円）

※2020年8月18日現在休館中

小田原城をバックにポーズをキメて記念撮影

5 天守の前に腹ごしらえ 本丸茶屋でひと休み

天守閣突入前に、本丸にある食事処でランチ休憩を。1日限定10食の小田原戦国武将茶漬丼1100円は、北条家の家紋「三つ鱗（みつうろこ）」を茶飯の焼きおにぎりで再現した出汁（だし）茶漬けのどんぶりだ。満腹になったら天守閣へ！

●9時～ 16時30分LO、無休

窓の外に広がる天守閣を眺めながら

だし巻き卵と小田原かまぼこが載ったおかめそば900円も人気メニューのひとつ

トッピングの梅干しは幻の梅と呼ばれる小田原・曽我産の「杉田梅」

7 学べる仕掛けもいっぱい 天守内へいざ突入

江戸時代の図面や模型をもとに再建された小田原城天守。2016（平成28）年には城内の展示室も一新。小田原城や北条五代について楽しく学びながら登り、最上階の5階へ。伝統工法で江戸時代の天守を再現したコーナーも必見。

脇に小天守を従えた小田原城の天守

城内には資料展示以外に小田原城検定クイズも

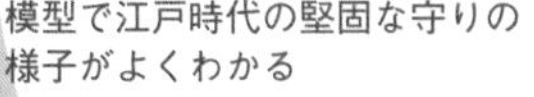

模型で江戸時代の堅固な守りの様子がよくわかる

高さ27.2mで全国7位。関東の城ではナンバーワン

8 最上階から太平洋と小田原市内を一望！

眺めも最高だね

天気が良ければ伊豆大島や房総半島も見える

地上38.7mの高さから眺める小田原の街と相模湾は格別！　西側に回ると、豊臣秀吉による「石垣山一夜城」も見える。

御城印は2種類。天守1階の入場券販売所で手に入れよう

御城印帳
小田原城

桜をあしらったオリジナル御城印帳2300円も販売している

小田原城攻略！

手前が常盤木門。その奥には銅門と馬出門も見える

これじゃ
すぐに
討ち死にだね

小峯御鐘ノ台大堀切東堀

滑ってなかなか
登れないよ！

最前線は別の場所にあった「総構」にも足を運ぼう

緑の生い茂る自然公園かと思いきや、実はここが小田原城の総構。秀吉軍と戦うべく、土塁と堀で囲った総構の痕跡が今もしっかり残っている。小田原合戦の最前線はこちら。ここまで足を運んでこそ、小田原城の真の姿に触れられる。

全国最大規模の堀と土塁は圧巻！

天守の裏に続く八幡山丘陵の尾根を分断して構築された小峯御鐘ノ台大堀切は、東堀、中堀、西堀の3つからなる巨大な堀跡。東堀は幅が約20～30m、深さは土塁の頂上から約12～15m。堀の斜面は50～60度とかなりの急勾配。

三の丸外郭新堀土塁

秀吉の猛攻を食い止めよ！

三の丸の土塁と外郭の土塁が重なるこの場所は、大人の背丈をはるかに超える高さの土塁がそびえる。その上に立てば、豊臣秀吉が小田原攻めの際に本陣を置いた石垣山一夜城が遠望できる。

小田原城みやげ

カベ登り忍者マグネット
440円

日の丸のはちまきを締めた忍者が、一生懸命よじ登る姿に思わず微笑んでしまう。鉄の壁ならどんな急な壁でも登っちゃう！ⒶⒷⒸ

通行手形マグネット
440円

「難攻不落」の文字とともに、北条早雲が小田原城攻略を成し遂げた奇襲戦「火牛の計」がモチーフになっている。ⒶⒷⒸ

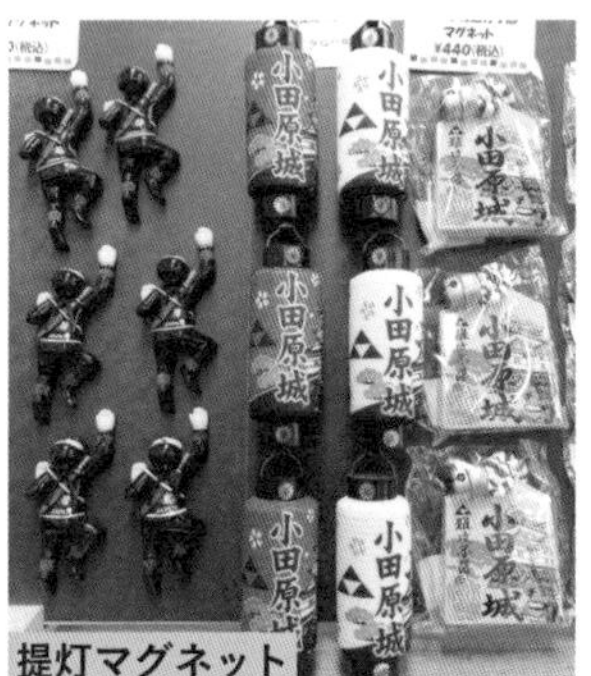

提灯マグネット
385円

小田原といえば提灯で知られるが、お土産にするならこんなマグネットはいかが？　小田原城のイラストに巨松、三つ鱗の家紋。ⒶⒷ

忍者押し出し消しゴム　198円

そのままでも、カットして使ってもOK。直径30㎜×高さ50㎜の大きめサイズ。角が多いので細かい部分を消すときに便利なスグレモノ。ⒶⒷⒸ

北条五代ちび武将メモ帳　330円

「北条五代ちび武将」イラストが目を引く100枚綴りのメモ帳。デザインは全3種。表紙だけでなく、中身の絵柄もすべて異なる。ⒶⒷⒸ

刀鉛筆
506円

忍者刀がモチーフで、柄がキャップ、鞘がケース。刀を削りきっても直径7mmの丸形鉛筆なら、差し替えて使うこともできる。ⒶⒷⒸ

四神手裏剣セット　550円

4種各2枚ずつ8枚セット。ゴム製だから安全。中央には方角を司る聖獣、白虎・朱雀・玄武・青龍の四神のマークが入っている。ⒶⒷⒸ

販売場所：Ⓐ小田原城天守／Ⓑ本丸売店／Ⓒ常盤木門1階

みどころMAP

小田原駅へ
小田原駅へ
北入口
5 本丸茶屋
御用米曲輪
7・8 天守閣
本丸売店
4 常盤木門
6 SAMURAI館
二の丸
こども遊園地
本丸
3 NINJA館（歴史見聞館）
巨松
2 銅門
馬出門土橋
正面入口
報徳二宮神社
小峯曲輪
南曲輪
郷土文化館
馬屋曲輪
1 馬出門
南入口
二の丸観光案内所
0 100m

DATA

住所 神奈川県小田原市城内6-1
アクセス JRほか小田原駅から徒歩15分（馬出門まで）
時間・料金 9～17時／12月第2水休／天守閣510円（小中学生200円）※平日限定共通券（天守閣・SAMURAI館・NINJA館）800円（小中学生300円）

【御城印配布場所】
●小田原城天守閣
1階入場券販売所
小田原城内／1枚300円

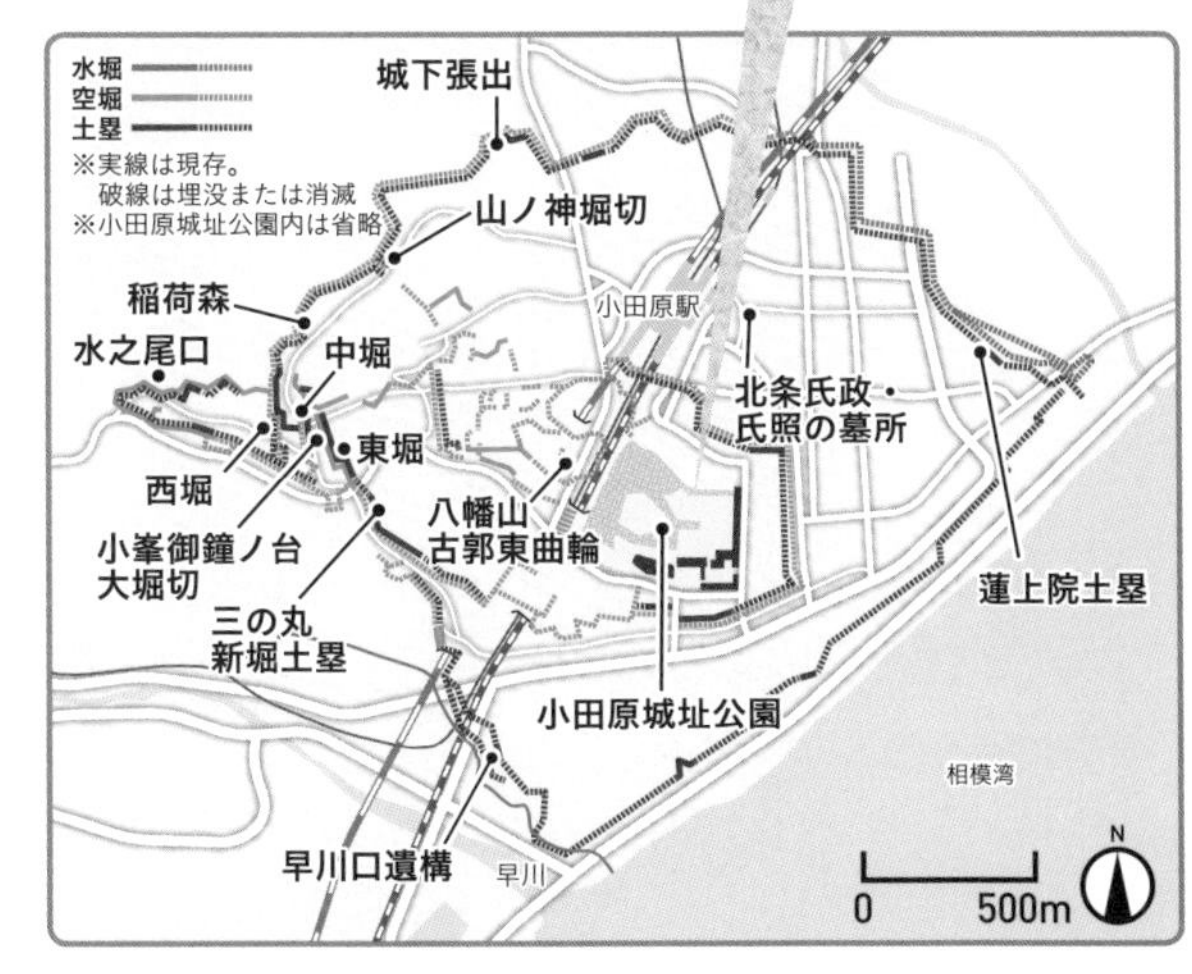

もくじ

第3章 楽しい体験ができる城
武将に変身、VR、謎解き……親子でワクワク！

第4章 自然豊かな城
探検気分で歩いてみよう、登ってみよう

第5章 ツウ好みの城
思わず誰かに話したくなる！ 穴場はここ

御城印とは？

お寺や神社を参拝すると頂ける御朱印のように、城を訪れるとその記念にもらえるのが「御城印」だ。数年前から各地で発行され始め、今や300城以上にもなるとか。日々、まだまだ増え続けていてとどまるところを知らない。

御城印はデザインの面白さも魅力。城主の家紋があしらわれるものが多いが、例えば家紋が複数の場合、歴代城主の家紋が勢揃いしたものもある。一つの城でいくつもバリエーションがあったり、桜や紅葉など季節限定バージョンも。まるで個性あふれる武将たちが活躍した戦国時代のように、御城印も百花繚乱の華やかな世界となっている。

城の天守受付などで購入できるところもあれば、城の近くの飲食店や土産店で販売しているところもある。なかにはインターネット上で購入できる場合もあるが、やはり御城印だけを手に入れるのではなく、城自体に足を運んでから、帰り道に御城印を手に入れて欲しい。同じ一枚でも、そのほうがずっと価値があるはずだ。

城は歴史を知るスポットだが、魅力はそれだけではない。天守からの眺めが素晴らしかったり、築城者が有名な戦国武将だったり。武将隊や忍者隊によるパフォーマンス、着付体験やゲームなどのエンターテインメントを兼ね備えた城も増えてきている。いってみれば、城は遊べて学べるテーマパーク。御城印を集めに足を運びながらぜひ、親子でそれを満喫(まんきつ)してほしい。

この本の見方

御城印は季節・枚数限定の場合や、紹介しているもの以外のバリエーションがあることもあります。本書では「御城印」という名称で統一しています。お城により「入城記念符」等、呼称が異なる場合があります

有料の場合は、料金と対象範囲が記載されています（大人1人の料金です）。アクセスは基本的に城入口までのものです

一般的な呼び名を記載しています

エリア

> 北陸
>
> 丸岡城
> ～まるおかじょう～
>
> 写真：mtaira-Fotolia
>
> 古式天守から見下ろす満開の桜と城下町
>
> 高石垣を従えた北陸唯一の現存天守
>
> ゆかりの武将
> 結城秀康
> 1574～1607（天正2～慶長12）年
> 徳川家康の次男で、兄の死によって天下人を継げる立場だったにも関わらず、豊臣秀吉の養子となったことで後継者争いから脱落。家康からは冷遇され、幼少期には会ってももらえなかったといわれる不遇の武将だ。
>
> DATA
> 住所 福井県坂井市丸岡町霞町1-59 アクセス JR福井駅からバス50分、丸岡城下車すぐ 時間・料金 8時30分～17時／無休／450円（天守ほか）
> 【御城印配布場所】
> ●丸岡城天守券売所
> 丸岡城内／8時30分～17時／無休／1枚300円
>
> 野面積という様式で築かれた石垣の上に建つ現存天守にはぜひ登っておきたい。本丸から約18mの高さを誇る天守からは、丸岡の町並みが見渡せる。天守には、敵に向けて石を投げ落とす石落としや、矢・鉄砲を撃つための狭間といった防御設備を見ることができる。
> 歴史民俗資料館では丸岡藩の歴史がわかりやすく紹介されているほか、城周辺には約400本の桜が植えられており、4月になると丸岡城桜まつりが開催される。入手できる御城印は2種類。城名を記した通常バージョンと、本多重次が戦場から妻に宛てた手紙の文面をモチーフにしたバージョンがある。
>
> 御城印はこちら
>
> 写真：丸岡城管理事務所
>
> 敵を迎え撃つ石落とし！
>
> 天守を守護する2匹の鯱
>
> 1948（昭和23）年の福井震災で落下したシャチホコは現在、天守登り口の階段脇に保管されている
>
> 119 第5章 ワケ好みの城
>
> 118

著名な城主やその城を攻め落とした武将など、関わりのある人物を紹介しています

城のおすすめポイントをあらわしています

 体験メニューあり

 イベントあり

 眺望よし

 天守あり
※現存天守の場合はフキダシつき

※本書のデータは基本的に2020年8月現在のものです
※休日は、お盆やGW、年末年始を省略しています
※営業時間は、その施設の開館（開店）～閉館（閉店）までを示しています。後者は30分～1時間ほど前に、最終入場等が設定されている場合があります
※諸般の事情により、本書で紹介している各種体験やイベントが延期、または中止になっている場合があります
※【御城印配布場所】欄に記載されているのは御城印1枚の料金です。入場料や飲食代は含みません
※すべて消費税込（10%）の値段・料金を掲載しています

第1章

大人も子どもも一度は行きたい、見ておきたい

名城中の名城

弘前城……P43
上田城……P28
松本城……P16
竹田城……P31
会津若松城……P20
白河小峰城……P30
飛山城……P36
江戸城……P22
掛川城……P26
浜松城……P24
名古屋城……P32
犬山城……P38
和歌山城……P42
松山城……P40

〈アイコンの見方〉 体験メニューあり　イベントあり　眺望よし　天守あり

中部

写真：松本城管理事務所

松本城

～まつもとじょう～

北西から天守群と鮮やかな赤色の埋橋（うずみのはし。※現在は通行不可）が一望できる

ゆかりの武将

小笠原秀政（おがさわらひでまさ）

1569～1615（永禄12～慶長20）年

元服後に貞政（さだまさ）と名乗るが、秀吉に仕えた時に「秀」の字をもらい、秀政と改めた。その後、家康のもとに帰参して孫娘・登久姫（とくひめ）と結婚し、関ケ原の戦いでは東軍で功績をあげ松本城主となる。大阪夏の陣で討ち死にした。

現存天守

DATA

住所 長野県松本市丸の内4-1 **アクセス** JR松本駅から徒歩20分 **時間・料金** 8時30分～17時／700円

【御城印配布場所】
●松本城管理事務所
松本城内／8時30分～17時／1枚300円（2枚500円）

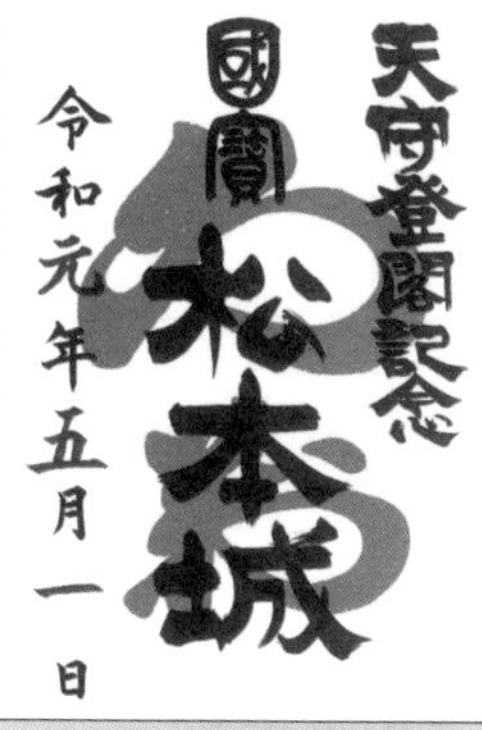

（左）幕末の松本藩主・戸田家の花押（かおう）印
（右）馬の蹄（ひづめ）をかたどった小笠原家朱印

戦国時代と平和な時代の建造物を見分けよう！

右から順に乾小天守（いぬいこてんしゅ）・渡櫓（わたりやぐら）・大天守までは戦国時代末期に造られたため、石落としや狭間（さま）を備えている。一方で、左端の月見櫓と辰巳附櫓（たつみつけやぐら）は江戸時代築で戦闘用の装備がない

1

写真：松本城管理事務所

表門を支える巨石に注目！恐ろしい伝説が残る

写真：松本城管理事務所

2

松本城の表門である太鼓門（たいこもん）は、1999（平成11）年に復元。よく見ると、玄蕃石（げんばいし）と呼ばれる巨石が支えている。松本城主・石川玄蕃頭康長（いしかわげんばのかみやすなが）が、巨石の運搬に不満をもった者を打首にしたためについた名だという

黒は最高の色調を表した！

当時、最高の色調とされた黒を用いたため、「黒門」と呼ばれたという。本丸御殿に通じる格調高い正式な門で、くぐると間もなく天守群が見える。黒門一の門は、1960（昭和35）年に復興された

写真：松本城管理事務所

写真：松本城管理事務所

戦意が感じられない月見櫓

西以外の3方向が開き、柱と薄い板戸だけで造られた建物で、ここで戦うとは思えない。戸を外し、畳敷きの部屋で東から昇る月を愛でたと考えられている

松本城は戦国時代に造られた深志（ふかし）城が始まりで、現存する五重六階の天守の中で日本最古の城とされる。

黒を基調とし、石垣が低く重厚感のある天守が特徴的で、背後に連なる北アルプスの山々に映えて、見事な景観を見せてくれる。

豊臣秀吉の家臣であった、石川数正（かずまさ）、康長（やすなが）父子が1593～1594（文禄（ぶんろく）2～3）年に手がけ、大天守を中心に渡櫓（わたりやぐら）と乾小天守（いぬいこてんしゅ）を築いた。関東の徳川家康を監視するために戦いを想定していると考えられ、例えば、弓や鉄砲を放つための小さな窓、狭間（さま）は115カ所も設置されている。対照的に、江戸時代初期に造られた辰巳附櫓（たつみつけやぐら）と月見櫓（つきみやぐら）

は、戦うための備えがほとんどない。

御城印には、歴代城主の中で戸田光行と光則の花押と小笠原秀政の印章をあしらった2種類のデザインがある。松本城の城主は6家23人の変遷があり、最も長く城主を務めたのが戸田家である。一方の秀政は家康の孫娘を妻とし、徳川家とゆかりの深い人物で、「弌剣平天下」という言葉を好んだ。一本の剣で天下を平らげるという意味で、秀政のほか、織田信長の三男・信孝が用いたとされる。

松本城から徒歩圏内の花こみちでは、子ども用の甲冑体験（有料）もできるので、秀政になったつもりで、松本城や城下町を散策してみよう。

会津若松城
～あいづわかまつじょう～

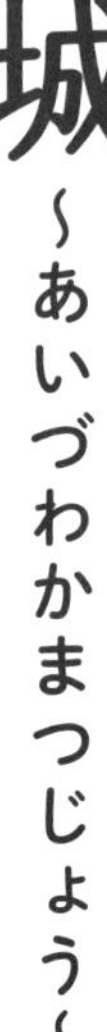

写真：sunftaka77 / stock.adobe.com

金銀キラキラ!!
超リッチなシャチホコ

2011（平成23）年に赤瓦（あかがわら）へのふきかえが完了。内部は博物館になっている

ゆかりの人物

新島八重（にいじまやえ）

1845～1932（弘化〈こうか〉2～昭和〈しょうわ〉7）年

男まさりで、幼い頃から裁縫よりも砲術好き。1868（明治元）年の戊辰（ぼしん）戦争では自らも銃と刀を持って籠城した。「幕末のジャンヌダルク」として語り継がれ、夫からもハンサムウーマンと称賛されている。

DATA

住所 福島県会津若松市追手町1-1 **アクセス** JR会津若松駅からバス10分、鶴ヶ城入口下車すぐ **時間・料金** 8時30分～17時／無休／410円（天守）、麟閣（茶室）共通520円

【御城印配布場所】

●鶴ヶ城観光案内所

会津若松城内／8時30分～17時／無休／1枚300円

御城印はこちら

伊達家や上杉家など歴代城主の家紋が並ぶ

市街地も大自然も満喫！天守展望台からの見晴らし

天守最上階からは、会津若松の市街地のほか、白虎隊（びゃっこたい）が非業の死を遂げた飯盛山も見える

歴代藩主から白虎隊まで城と会津の歴史が凝縮

内部は5階建。食糧庫や塩蔵（しおぐら）がリアルに再現されたエリアも。鶴ヶ城や歴代領主のほか、戊辰戦争や白虎隊など、貴重な資料が展示されている

写真：会津若松観光ビューロー

鶴ヶ城（つるがじょう）とも。最上階は展望台になっており、天守閣のシャチホコは鱗（うろこ）が銀箔、牙は金製、瞳の中心に2カラットのダイヤモンドが埋め込まれている豪華っぷり。天守閣内では会津の長い歴史を、ゆかりの文化財や映像などで紹介するほか企画展も開催。城内には千家（せんけ）ゆかりの茶室・麟閣（りんかく）も移築復元。

「日本さくら名所100選」にも選定され、春には「鶴ヶ城公園ライトアップ」で1000本の桜の幻想的な美しさが楽しめる。秋の会津まつりでは、総勢500人が武者姿で街中を練り歩く「会津藩公行列」や鼓笛隊（こてきたい）パレードなど、さまざまなイベントがあり人気を博している。

関東

江戸城

～えどじょう～

日本最大規模の城郭
天守の再建の夢は……

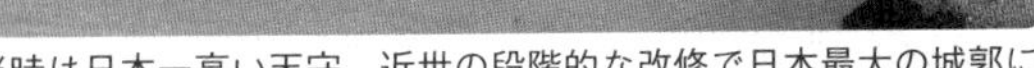
当時は日本一高い天守。近世の段階的な改修で日本最大の城郭に

ゆかりの武将

勝海舟（かつ かいしゅう）

1823～1899（文政6～明治32）年

少年時代は剣術に打ち込む。37歳の時、咸臨丸の艦長としてアメリカへ。その後、主に海軍に関わる幕府の職に就く。明治維新の際、旧幕府軍の軍事総裁として薩摩藩の西郷隆盛と交渉役を担った、江戸城無血開城の立役者。

DATA

住所 東京都千代田区千代田 **アクセス** JR東京駅から徒歩10分。または東京メトロ大手町駅から徒歩5分 **時間・料金** 9時 ～ 16時30分（4月15日～ 8月末は～ 17時。11月1日～ 2月末は～ 16時）／月・金休（皇居東御苑）／無料

【御城印配布場所】

●「江戸城天守を再建する会」主催のイベント開催場所

イベントにより異なる（詳しくはHPを要確認）／1枚500円

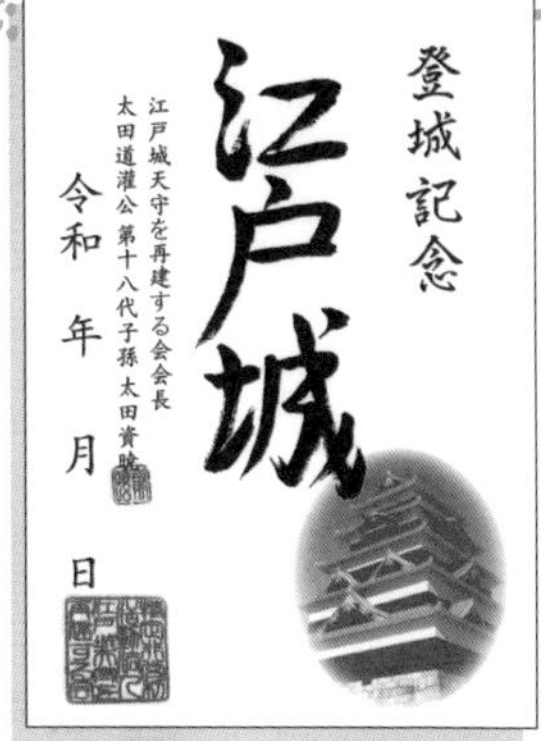

「江戸城」の文字は太田道灌の子孫の筆による

御城印はこちら

江戸時代の生き証人 北の丸公園内の清水門

櫓門の奥には桜の木があり、春には美しい景観が楽しめる

江戸城の門で、北の丸への出入り口として利用された。単なる門ではなく軍事用の城砦の役割を担っていたため、大きな石垣が使用されガッシリ頑丈にできている

西の丸を厳重防備！ 二重構造の桜田門

現皇居の内堀に造られた門。1860（安政7）年の水戸藩浪士らによる、大老井伊直弼（いいなおすけ）の暗殺事件「桜田門外の変」の地として知られている。現在は警視庁の庁舎のすぐそばにあるため、警視庁のことを「桜田門」と呼ぶこともある

全高60mの日本最大級の天守だったが「明暦の大火」により焼失。当時の江戸幕府により天守台は再建されたものの、4代家綱に仕えた保科正之が実用性の無い天守に費用を割くよりも、城下の復興を優先させようと再建を中止。

西の丸や山里丸などは、現在、皇居として使用され、本丸、二の丸、三の丸の一部が皇居東御苑として一般公開されている。

散策は大手門から入って3つの城門（大手三の門、中の門、御書院門）を抜けて本丸へ向かい、富士見櫓、富士見多聞、天守台を見てから汐見坂経由で平川門へと抜けると、主要な見どころを押さえられる。

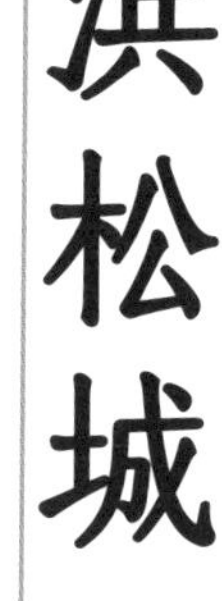

浜松城
～はままつじょう～

写真：遠鉄アシスト

歴代城主出世の地で人気キャラに遭遇！

展望台からは浜松市街が一望でき、城内には多数の歴史的資料を展示

ゆかりの武将

水野忠邦（みずのただくに）
1794～1851（寛政6～嘉永4）年

江戸時代の浜松城主の多くが幕閣へ入っていることから、昇格を志し、唐津藩主時代に浜松藩への国替えを願い出る。後に老中となり「天保の改革」を指導。飢餓と金権政治で疲弊しきった政治を立て直そうと奔走した。

DATA

住所 静岡県浜松市中区元城町100-2 **アクセス** JR浜松駅からバス5分、市役所南下車、徒歩6分
時間・料金 8時30分 ～ 16時30分／無休／200円（天守）

【御城印配布場所】
●浜松城入城窓口
浜松城内／8時30分～16時30分／無休／1枚300円

御城印はこちら

「三つ葉葵」は徳川家の家紋

写真：遠鉄アシスト

写真：遠鉄アシスト

まさに生き写し⁉ そっくり家康像

2015（平成27）年に制作された30歳前後の等身大の家康像。手相やしわ、毛穴まで忠実に再現※

毎週日曜は「家康くん」が出没

写真：遠鉄アシスト

2011（平成23）年に市制100周年マスコットキャラクターとして誕生。2012（平成24）年4月には「はままつ福市長」に大出世した出世大名「家康くん」がみんなをお出迎え

徳川家康が築城し、今年で450周年を迎える。歴代城主が出世を果たした、別名「出世城（しゅっせじょう）」。天守最上階からは浜松市街を一望でき、城内には家康と浜松にまつわる歴史的資料、武具などを展示。

城の周囲は公園として整備され、3000㎡の敷地に9つの木製遊具がある冒険広場や、7000㎡の芝生広場でのびのびと遊べる。春の「さくらまつり」では、ライトアップされた浜松城と夜桜が楽しめ、夏には子どもたちに大人気なプールが無料開放される。

毎週日曜日は「家康くん」に会える日なのでスケジュールを要チェック。御城印をゲットすると出世できるかも⁉

※現在は浜松魅力発信館 The GATE HAMAMATSU（静岡県浜松市中区旭町37）に展示

掛川城

～かけがわじょう～

〝東海の名城〟と謳われる木造で復元された天守

日本初の本格木造天守閣は1994（平成6）年に復元。外観三層、内部四階となっている

ゆかりの武将

山内一豊（やまのうちかつとよ※）

1545～1605（天文14～慶長10）年

戦国・安土桃山時代の武将。親・兄弟を失った浪人の身から、織田信長、豊臣秀吉、徳川家康の三英傑に仕え、一代で土佐一国の主にまで上りつめた苦労人。その裏では、妻・千代の内助の功があったといわれている。

DATA

住所 静岡県掛川市掛川1138-24 **アクセス** JR掛川駅から徒歩7分 **時間・料金** 9～17時／無休／410円（天守・御殿）

【御城印配布場所】

●掛川城御殿

掛川城内／9～17時／無休／1枚300円

※「かずとよ」とも

山内家・太田家の家紋と、掛川城の地を指す「龍頭」の文字入り

写真：掛川城管理事務所

写真：掛川城管理事務所

天守内の展示物で当時の様子がわかる

館内には甲冑、山内一豊公の騎馬像、シャチホコの複製など、貴重な展示品が数多くある。最上階からは城下町も一望でき、天気がいい日は富士山が見えることも

写真：掛川城管理事務所

時刻を知らせる大太鼓が打ち鳴らされていた

1854（嘉永7）年の大地震後に再建された太鼓櫓（たいこやぐら）。何回かの移転の末、1955（昭和30）年に三の丸から現在の二の丸に移築された

駿河の今川氏真（うじざね）が西から徳川家康、東から武田信玄に攻め込まれ、この城に逃げ込んだとき、井戸から立ちこめた霧が城を覆い隠し、徳川軍が攻撃できなくなったため、別名「雲霧城（くもきりじょう）」と伝わる。

１５９０（天正18）年に山内一豊が城下を整備し、天守を建てるなど近世城郭へと改修。１８５４（嘉永7）年の大地震により損壊、天守は再建されることなく１８６９（明治2）年に廃城。その後、御殿は修復及び増築され、勤番所や掛川町役場などに使用されたのち１９８０（昭和55）年に重要文化財に登録された。

現在の天守は４００年以上の歳月を経て復元された日本初の本格木造天守だ。

上田城

~うえだじょう~

写真：信州上田観光協会

名作アニメの舞台で 武将隊が待っています

かつて断崖下には千曲川が流れ、天然の堀となっていた

ゆかりの武将

真田昌幸（さなだまさゆき）

1547~1611（天文16～慶長16）年

信濃国上田を本拠とする真田家。その存続を第一に考え、有力な大名を見極め、次々に主を乗り換え続けた。抜群の知謀（ちぼう）の持ち主で、徳川と互角以上の戦いを展開し、2度にわたって撃退した強者（つわもの）。

DATA

住所 長野県上田市二の丸 **アクセス** JR上田駅から徒歩12分 **時間・料金** 見学自由（櫓内部・博物館は8時30分～17時）／水休／300円(櫓内部)、500円(櫓・博物館共通)

【御城印配布場所】

●眞田神社
長野県上田市二の丸1-12／JR上田駅から徒歩12分／9～16時／無休／1枚300円

●上田市観光会館2階
長野県上田市大手2-8-4／JR上田駅から徒歩12分／9～18時／無休／1枚300円

御城印はこちら

真田・仙谷・松平家の家紋をあしらい、季節ごとに絵柄が変わる

上田城のシンボルは名作アニメにも登場!!

上田城東虎口櫓門は1994（平成6）年に復元。アニメーション映画『サマーウォーズ』ではヒロインの実家、陣内家お屋敷の門として描かれている

写真：信州上田観光協会

東虎口櫓門付近の高さ約2.5m、幅３mの真田石。信之が父昌幸の形見として持ち出そうとしたが、微動だにしなかったとの伝説も

真っ赤に染まる眞田神社境内巨大兜

真田家をはじめ、歴代城主の仙石（せんごく）家、松平家を御祭神とする眞田神社。境内には真田信繁（幸村）公が身に着けたといわれる鹿角脇立朱塗兜（かづのわきだちしゅぬりかぶと）を模したオブジェが置かれている

真田昌幸が築城。1585（天正13）年と1600（慶長5）年、2度の上田合戦で徳川の大軍を撃退した難攻不落の名城として知られる。現在は公園として整備され、春は桜、秋は紅葉の名所として、見頃の時期にはまつりも開催。園内では博物館のほか、櫓門内部も見学ができ、真田家や上田城にまつわる歴史を学べる。

　また、敷地内では「信州上田おもてなし武将隊」に遭遇できることも。現代に蘇った真田幸村と十勇士の面々が、城の見どころを解説したり、記念撮影にも気軽に応じてくれる。事前に出陣スケジュールを要チェック。見かけたら声をかけてみよう。

白河小峰城

~しらかわこみねじょう~

幕末の戊辰戦争で激戦の末に落城

1632（寛永9）年に完成し、1868（慶応4年）の戊辰戦争で白河口の戦いの際に落城。平成初期に三重櫓と前御門が江戸時代の絵図に基づいた木造建築で相次いで復元された。

復元には戊辰戦争の激戦地・松並稲荷山の杉材が使われているため、床板や柱には当時の弾痕がそのまま残っている。

周辺は城山公園として整備されている。3月は梅の花と香りが広がり、4月には約180本の桜が城内を彩り、多くの人が訪れる。

歴代城主7家の家紋があしらわれている

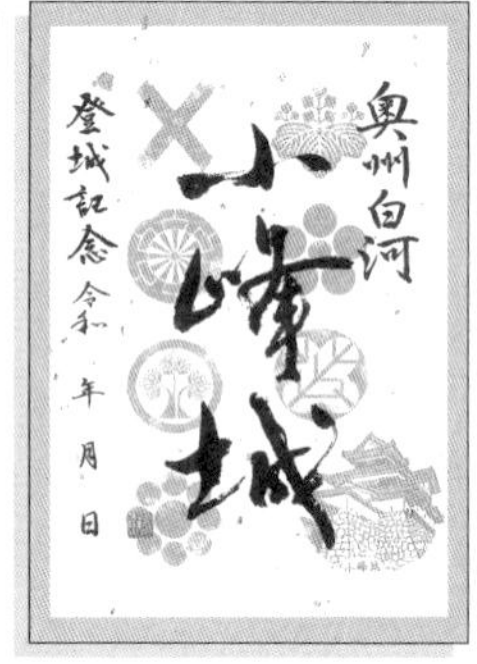

DATA

住所 福島県白河市郭内
アクセス JR白河駅から徒歩5分 時間・料金 9時30分～17時（11～3月は～16時）／無休

【御城印配布場所】
●城山公園内二ノ丸茶屋
白河小峰城内／9時30分～17時（11～3月は～16時）／無休（11～3月は水休）／1枚200円

関西

竹田城
～たけだじょう～

朝日に輝く竹田城。本丸から南千畳方面の眺め

ラピュタかマチュピチュか
天空の城へいざ出陣!!

写真：吉田利栄

標高353・7mの古城山の山頂部一帯を覆い尽くす、圧巻の石垣群。ここまで石垣が残っている山城は全国でも珍しく、最も有名でかつ人気のある山城といっていい。

その絶景がひときわ際立つのが、周囲を霧に包まれたとき。実際に目にすればその「天空の城」ぶりに誰もが感動する。霧は晩秋のよく晴れた早朝発生することが多いため、前泊必至。城全体が霧の中に浮かぶ写真が撮りたいなら、車で約10分の立雲峡まで足を伸ばそう。

赤松家の家紋が朱で記されている。ほか山名家版、二家セットのタイプもある

写真：朝来市

DATA

住所 兵庫県朝来市和田山町竹田古城山169 **アクセス** JR竹田駅からバス20分、中腹バス停下車、徒歩20分 **時間・料金** 8～18時※／1月4日～2月末休／500円

【御城印配布場所】
●情報館「天空の城」
兵庫県朝来市和田山町竹田363／JR竹田駅から徒歩3分／9～17時／無休／1枚300円

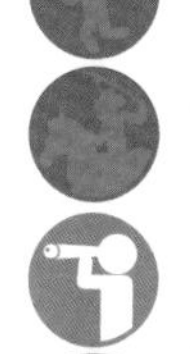

※6～8月は6時～、9～11月は4～17時、12～1月は10～14時

名古屋城

〜なごやじょう〜

写真：名古屋城総合事務所

徳川家の威厳を見せつける金色がまぶしい豪華な城

名古屋城は桜の名所としても知られるほか、アジサイやウメなど四季折々の花が咲き誇る

ゆかりの武将

加藤清正（かとうきよまさ）

1562〜1611（永禄5〜慶長16）年

名古屋城の築城に貢献した戦国武将。豊臣秀吉と同郷で、秀吉の子飼いの家臣として頭角を現す。「賤ケ岳の七本槍」として勇名を馳せた後、関ケ原の戦いでは徳川家康に味方した。後に熊本城を築城。

DATA

住所 愛知県名古屋市中区本丸1-1 **アクセス** 名古屋市営地下鉄市役所駅から徒歩5分で東門 **時間・料金** 9時〜 16時30分／無休／500円

【御城印配布場所】

●名古屋正門横売店・内苑売店

名古屋城内／ 9時〜 16時45分／無休／ 1枚300円

御城印はこちら

徳川御三家の城らしく三つ葉葵の家紋が中央に

有名武将が全員集合!! 名古屋おもてなし武将隊®

6人の武将と4人の陣笠（足軽）によって編成される。名古屋や愛知県にゆかりの深い織田信長や豊臣秀吉、徳川家康、前田利家（としいえ）、加藤清正、前田慶次（けいじ）が勢ぞろいし、演武や写真撮影でもてなしてくれる

「天下一」の称号をもつキレのある演武は必見！

甲冑（かっちゅう）ダンス、寸劇、和太鼓演奏などの「おもてなし演武」で、見る者を戦国時代へと誘う。3年連続「全国武将隊天下一決定戦」で優勝した実績をもつツワモノたちだ。演武は土・日曜、祝日限定

家康のボディーガード 忍者が繰り広げる アクロバティックなショー

©aichi-ninja

徳川家康と服部半蔵（はっとりはんぞう）忍者隊®によって、演武や忍術、剣舞が披露される。当日参加ができる、忍者の動きを取り入れた「忍者体操」は、子どもたちに大人気だ。演武は土・日曜、祝日の限定

名古屋城のシンボル、金のシャチホコは、遠くからでも輝く姿を見ることができる

橋でつながる大小の天守

高さ約15mの石垣を土台にして建てられた大天守と小天守は、橋台でつながれ、それぞれの入り口は鉄板の門で防御性を高めていた。第二次世界大戦で焼失したため復元された

将軍を迎える本丸御殿は2回しか使われなかった！

障壁画がずらりと並ぶ本丸御殿は、3代将軍・家光を迎えるために増築されたが、14代将軍・家茂が宿泊するまでの約200年の間で、使用されたのはわずかと伝わる。本丸御殿は焼失するが、襖絵や天井板絵などは取り外されていたので現存する

見た目は二重だが実は3階建の西南隅櫓

名古屋城には3つの隅櫓が現存する。その中の西南隅櫓は、1612(慶長17)年頃に建造された。一重目に屋根がないため、外から見ると二重櫓に見えるものの、内部は三階櫓となっている非常に珍しい形式だ

水堀と石垣を従えた西北隅櫓

1619（元和5）年頃の建造。現存の三階櫓としては熊本城の宇土櫓（うとやぐら）に次いで全国で2番目の大きさ。内部は通常非公開

写真：名古屋城総合事務所

徳川御三家の1つ、尾張徳川家・約62万石の支配拠点であった。御城印にデザインされている徳川家の三つ葉葵が、その威厳を表している。

1610（慶長15）年、徳川家康は豊臣恩顧の西国大名20家に命じ、天下普請として名古屋城の築城を行った。中心人物の1人は、「築城の名手」と呼ばれた加藤清正で、尾張国中村（現在の愛知県名古屋市中村区）が出身地。名古屋城南西部に加藤清正像、本丸表二之門付近には清正公石曳きの像が立つ。

五重五階の天守は全国屈指の大きさとされ、金のシャチホコが輝いた。狩野派の絵師による障壁画や豪華な飾金具などをしつらえた本丸御殿

は、武家風書院造の代表的な建築。1945（昭和20）年の空襲で天守・本丸御殿などが焼失したため、天守と正門は再建された。焼失を免れた3つの隅櫓と3つの門（いずれも重要文化財）、石垣がほぼ原型を残している。絢爛豪華な威容が復元された本丸御殿はじっくり見学したい。

名古屋おもてなし武将隊®と、徳川家康と服部半蔵忍者隊®による出迎えや観光案内、記念撮影は毎日開催。土・日曜、祝日には迫力満点のパフォーマンスが楽しめる、サムライ・ニンジャショーが開催される。2つのゾーンに分けられた、名古屋を代表するグルメが集まる金シャチ横町にも立ち寄りたい。

関東

飛山城
～とびやまじょう～

写真：とびやま歴史体験館

奪われた城を取り返せ！
反撃拠点となった前線基地

一部、土塁が張り出すようになっているのが櫓台。5つの櫓がほぼ等間隔に並んでいた

ゆかりの武将

佐竹義昭（さたけよしあき）

1531～1565（享禄4～永禄8）年

本拠地の常陸国（現在の茨城県）の国内のみならず、北関東各地にも積極的に進出。上杉謙信とたびたび手を結び、関東で勢いを増す北条家の領土拡大に対抗するなど権謀術数にも長けていた。35歳で急死。

DATA

住所 栃木県宇都宮市竹下町 **アクセス** JR宇都宮駅から車で20分 **時間・料金** 9～17時（11～3月は～16時30分）／月休／見学自由

【御城印配布場所】

●とびやま歴史体験館

栃木県宇都宮市竹下町380-1／JR宇都宮駅から車で20分／9～17時／月休（祝日の場合は翌日）／1枚300円

芳賀家の家紋と芳賀高名（たかな）の花押をあしらう

写真：飛山城跡愛護会

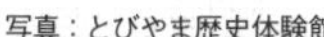

折れ曲がる空堀で敵の行く手を阻む

堀は途中で屈折していて、真っすぐ攻め入れないように工夫されている。4号堀が最大の見どころ

写真：とびやま歴史体験館

写真：とびやま歴史体験館

詰所で士気を高めいざ決戦！

板屋根に土壁の掘立柱建物。兵士の詰所や武器庫だったとされ、5棟が復元されている

写真：とびやま歴史体験館

広大な城跡も模型でまるわかり

歴史体験館にある飛山城の模型展示。城の全体像を把握できるので、散策前にぜひ見ておきたい

鎌倉時代後期に築城。宇都宮（うつのみや）家に仕える芳賀（はが）家の城だが、戦国時代には、宇都宮家の本拠・宇都宮城を攻略する際の最前線基地になったことで知られる。このとき宇都宮城は壬生（みぶ）家に占領されており、城奪還のために戦が行われた。宇都宮家と芳賀家が佐竹義昭に支援を求めると、佐竹家は五千の兵を率いて飛山城に入城。見事、宇都宮城を奪還し、7年ぶりに宇都宮家が本拠地へと返り咲いた。

現在復元されているのは、最も城域が拡大したとされる戦国時代の城跡。比較的平坦な南東方向は、二重の土塁と堀を巡らせて備えは万全。城の北西側は断崖で、その下には鬼怒川（きぬがわ）が流れている。

中部

犬山城
～いぬやまじょう～

本丸門方面の眺め。反対側には木曽川や犬山橋も楽しめる

ゆかりの武将

成瀬正成（なるせまさなり）

1567～1625（永禄10～寛永2）年

犬山藩初代藩主。幼少の頃から家康に仕え、後に徳川家を支えた重臣。天下人だった時代の豊臣秀吉にも家臣に誘われるが、「主君を忘れることはできない。どうしてもというのであれば腹を切る」と断った男気の持ち主。

現存天守

DATA

住所 愛知県犬山市犬山北古券65-2 アクセス 名古屋鉄道犬山遊園駅から徒歩15分 時間・料金 9～17時／無休／550円

【御城印配布場所】

●犬山城前観光案内所

犬山城内／9～17時／無休／1枚300円

御城印はこちら

豊臣、成瀬、織田、徳川の四家の紋があしらわれている

現存する日本最古の天守

三重四階地下二階の望楼（ぼうろう）型天守。1617（元和3）年、成瀬正成の拝領（はいりょう）時に改修が行われ、現在の姿に。もともとあった櫓の上に望楼を乗せたという説も!?

川の上からゆったり殿様気分

毎年春に出る犬山城遊覧船。約40分間木曽川を下る。川上から眺める堂々とした犬山城の姿も必見

城の麓で車山と桜が競演!!

1635（寛永12）年に始まった犬山祭。毎年4月第1土・日曜に開催され、精巧なからくり人形を載せた豪華な13輌の車山（やま）が古い町並を巡行する

1537（天文6）年織田信長の叔父・織田信康が築城。小高い山の上に建てられ、その美しさから中国の名城「白帝城」にもたとえられる。木曽川を押さえる軍事上・経済及び交通上の重要拠点とされ、信長・秀吉・家康が奪い合ってきた。

天守は、現存12天守の中で最古の1537（天文6）年創建。国宝にも指定されている。桃は不老不死の力が得られる長寿の象徴であったため、天守の屋根には魔よけとして桃の形をした瓦があしらわれている。城下町の施設や、明治村、リトルワールド、日本モンキーセンターとのお得なセット券もあるので、合わせて巡りたい。

四国

松山城

～まつやまじょう～

写真：松山城総合事務所

まるで迷路のような城内 天守を目指しいざ出陣！

天守のてっぺんからはシャチホコの「天丸」と「まつ姫」が城下を見守る

ゆかりの武将

加藤嘉明（かとうよしあき）

1563～1631（永禄6～寛永8）年

賤ヶ岳の戦いや関ヶ原の戦いなど数々の戦で手柄を立てた、海戦も陸戦も得意なオールマイティ戦国武将。細かいことを気にしない、小ざっぱりとした優しい性格の持ち主だったといわれている。

現存天守

DATA

住所 愛媛県松山市丸ノ内 **アクセス** 松山城ロープウェイ・リフト山頂駅から徒歩10分 **時間・料金** 9～17時(8月は～17時30分、12～1月は～16時30分）／12月第3水休／520円(天守)

【御城印配布場所】

●天守きっぷ売り場

松山城内／9～16時30分(8月は～17時、12～1月は～16時）／12月第3水休／1枚300円

御城印はこちら

松山城の歴代城主の家紋をあしらったデザイン

隠し扉から敵を急襲？

筒井門（つついもん）の奥の石垣の陰に隠された門。戸無門（となしもん）から筒井門に迫る敵を背後から襲えるようになっており、城の防備を固める上で重要な役割を果たしている

本物の刀を手にできる!!

城内にある刀の重さを体験できるコーナー。持ってみると意外と重い!?

忍び寄る敵を打ち落とそう

城内の火縄銃体験コーナー。壁に開けられたいくつもの狭間（さま）から、城内に忍び込む敵がいないか外をうかがえる。ほかにも傾斜50度の階段や石落とし、鎧の試着などさまざまな体験ができ、当時の様子を垣間見ることができる

松山の中心部にそびえ建つ、21もの重要文化財が残る城。多くの門・櫓・塀を備え、狭間や石落とし、高石垣など攻守の機能に優れている。ロープウェイやリフトで空中散策しながら向かう城山山頂は標高約132m。さらに30mほど高い天守からは松山平野を360度見渡せる大パノラマが広がり、夜景スポットにもなっている。

敷地内の本丸南西の山裾には「二之丸史跡庭園」が併設されており、春は桜、夏はつつじやあじさい、秋は紅葉、冬は梅と四季折々に移りゆく風景が楽しめる。本丸広場周辺を散歩する、ゆるキャラ「よしあきくん」にも会えるかも？

和歌山市役所14階の食堂から和歌山城の絶景を一望できる

近畿

和歌山城
~わかやまじょう~

おもてなし忍者参上！忍法で大盛り上がり必至

1585（天正13）年に豊臣秀吉が弟の秀長に築城させた。1619（元和5）年に徳川家康の10男・頼宣が入城。以来、徳川家の居城として長い歴史を刻んだ。城内には入園無料の動物園があり、馬や羊、ヤギのエサやりが楽しめる。

また、おもてなし忍者が「かくれみの術」などの忍術を使って盛り上げてくれるので、出没スケジュールを要チェック！ 気軽に記念撮影もできる。観光案内所や土産品センターを併設した「わかやま歴史館」もあり、見どころ盛り沢山だ。

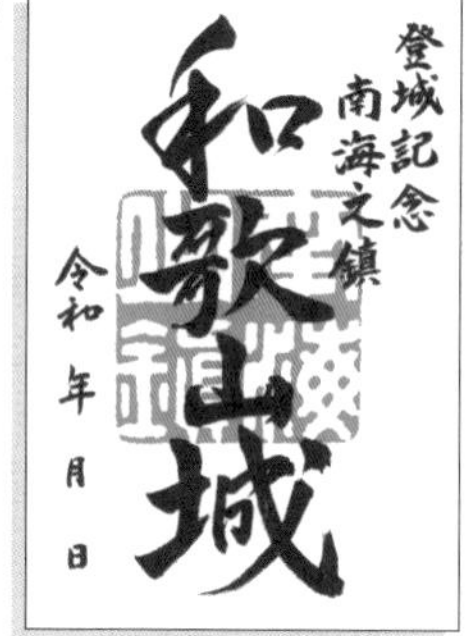

印影は紀州徳川家伝来の金印

DATA

住所 和歌山県和歌山市一番丁3 アクセス JR和歌山駅からバス10分、公園前下車すぐ。または南海電気鉄道・JR和歌山市駅から徒歩10分 時間・料金 9時～17時30分／無休／410円（天守・歴史館共通）

【御城印配布場所】

●天守閣券売所
和歌山城内／9～17時／無休／1枚300円

天守は江戸時代末期の1810（文化7）年に再建されたもの

落雷で燃え上がった!? 東北唯一の現存天守

写真：弘前観光コンベンション協会

弘前城
～ひろさきじょう～

1603（慶長8）年に弘前藩祖・津軽為信が築城を計画し、2代藩主・信枚が1611（慶長16）年に完成。1627（寛永4）年に天守のシャチホコに落雷し、天守全体が焼け落ちた過去もあるとか!?

現在、本丸石垣修理工事中のため、天守は2015（平成27）年に曳屋にて移動。2021（令和3）年から石垣積直し工事の予定。敷地総面積49万2000㎡にもおよぶ園内には、植物園や庭園なども併設。「日本さくら名所100選」にも指定されている。

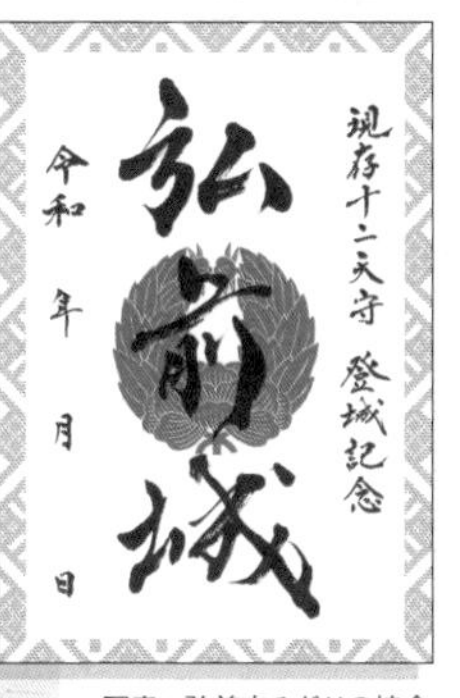

「杏葉牡丹」は弘前藩主・津軽家の家紋

写真：弘前市みどりの協会

DATA

住所 青森県弘前市下白銀町1-1 **アクセス** JR弘前駅からバス15分、市役所前下車、徒歩4分 **時間・料金** 9～17時（さくらまつり期間中は7～21時）／無休／320円（弘前城本丸・北の郭）、520円（弘前城・植物園・藤田記念庭園共通券）

【御城印配布場所】
●弘前城天守内売店
弘前城内／11月24日～3月31日休（期間中は弘前城情報館で配布）／1枚300円

現存天守

Column

動植物だったり文様だったり

家紋と旗印のふしぎ

城を訪ねると、家紋や旗印が入ったのぼりが立ててあることも多い。家紋はその家のシンボル。武士たちが歴史の主役になった鎌倉時代以降、一気に普及したといわれる。その数、一説には2万近くもあるという。

おそらく日本で最も有名な家紋が、徳川家の「葵の御紋」。テレビドラマ『水戸黄門』で、「この印籠が目に入らぬか」の決め台詞とともに取り出される印籠に描かれたアレだ。葵の御紋＝徳川家。江戸時代の将軍家の親族である証拠だから、誰もが恐れ多くてひれ伏す、というわけだ。

葵の御紋は、フタバアオイという植物の葉が3つ描かれ、◯で囲まれている。植物がモチーフになった家紋は多い。2020（令和2）年のNHK大河ドラマ『麒麟がくる』主役の明智光秀、明智家の家紋は桔梗紋。織田家の木瓜紋、豊臣家の桐紋など。植物よりは数が少ないが、動物モチーフもある。蝶、鷹、鶴、千鳥など。珍しいところでは蟹（寺沢家）がある。

特定のモチーフがない文様タイプもある。代表的なのは北条家の三つ鱗や、島津家の◯に十文字。毛利家の一文字に三ツ星や細川家の九曜（中心に大きな●、その周囲に8つの小さな●）は天体モチーフともいえるが、かなり記号化されている。

基本的には他家と差別化するためのものだが、実は同じ家紋が異なる家で使われているパターンも。代表的なのが、丸に「二」の二つ引紋。戦国時代だけに限っても、足利家、里見家、最上家、山名家など。

家紋と似ているが、戦場で敵味方の区別をつけるために使用されたのが旗印（馬印とも）。命がけの場だけに、個性も家紋より際立っている。上杉謙信は毘沙門天の「毘」の一文字。井伊直政は赤地に金の「井」。これなら戦場でもよく目立ちそうだ。

明智家の桔梗紋。花びらやおしべ（短線）、めしべ（中央の丸）も忠実に描かれている

柴田家の家紋「二つ雁金」。鳥がモチーフだがデフォルメされてどこかかわいい

第2章

名将、軍師にあの合戦……探求心が大爆発

歴史が色濃く残る城

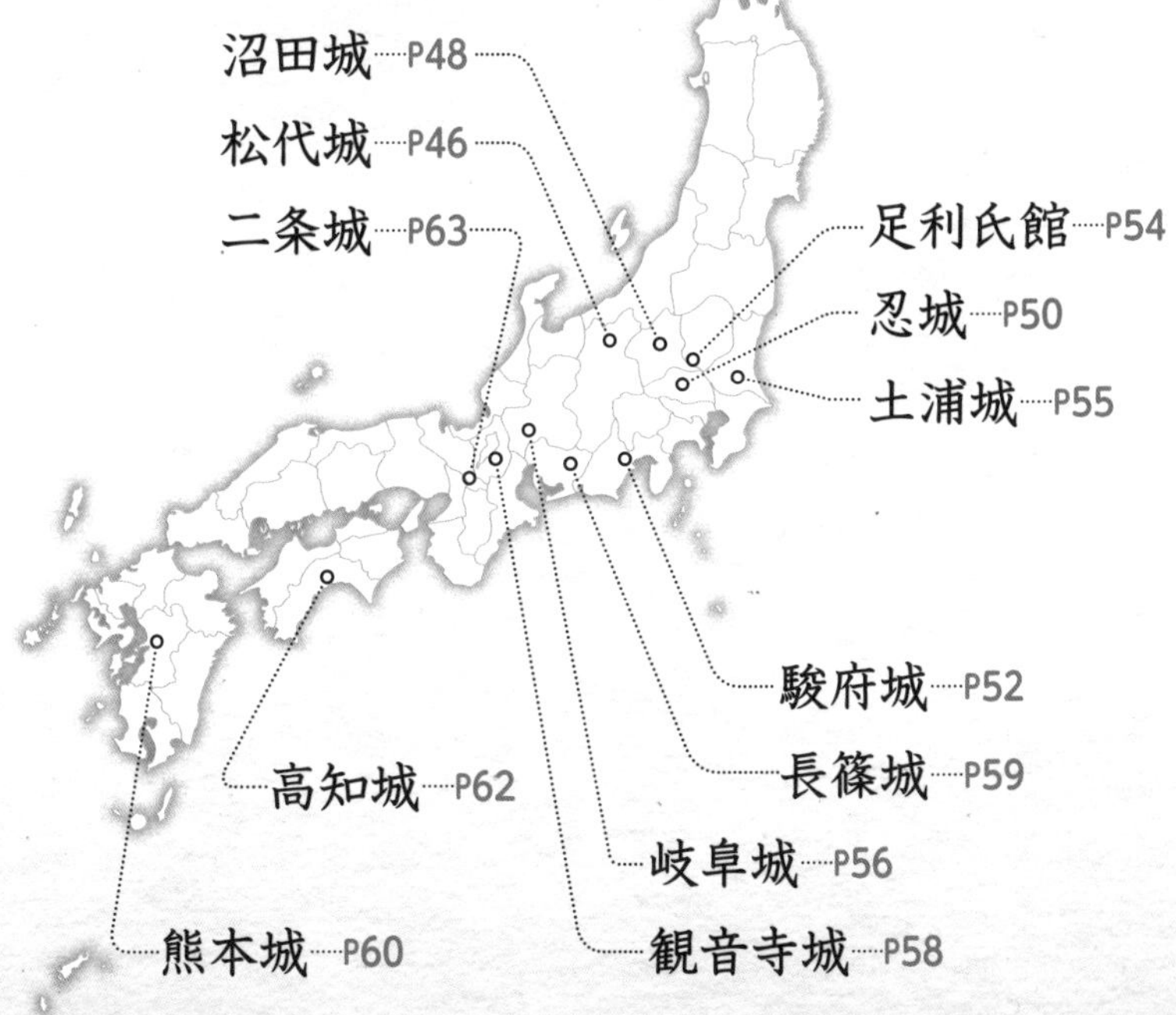

〈アイコンの見方〉 体験メニューあり イベントあり 眺望よし 天守あり

中部

松代城
~まつしろじょう~

写真：信州松代観光協会

本丸の南側にある太鼓門前橋。太鼓門の2階は櫓になっている

ゆかりの武将

山本勘助(やまもとかんすけ)

生年不明~1561(永禄(えいろく)4)年

武田信玄(たけだしんげん)の家臣。片目と片足が不自由だったが、すぐれた軍師だった。築城の能力もあったといい、信玄の命令で海津城(かいづじょう)(松代城)などを築く。この城の取り合いが原因で起きた、第4次川中島の戦いで戦死した。

DATA

住所 長野県長野市松代町松代44 **アクセス** JR長野駅からバス30分、松代駅下車、徒歩約5分 **時間・料金** 9~17時／無休

【御城印配布場所】
●信州松代観光協会
長野県長野市松代町松代4-1／JR長野駅からバス30分、松代駅下車、徒歩3分／8時30分~17時15分／無休／1枚300円

写真：信州松代観光協会

真田信之公の花押入り。右は松代オリジナル六文銭タイプ

写真：信州松代観光協会

海津城時代の名残も

北不明門（きたあかずもん）付近では、見事な石垣が再現されている。本丸は総石垣、二の丸・三の丸はおもに土塁からなっていたようだ。武田家の築城技術が生かされた城である

甲冑で武将に変身！

写真：信州松代観光協会

松代城近くの真田宝物館では、歴代城主である真田家に伝わる貴重な資料を展示。甲冑の試着体験もできる（無料）。ちびっ子たちも気分は戦国武将だ

武田信玄が、ライバルの上杉謙信に備えて国境付近に築いた城で、はじめは海津城といった。1561（永禄4）年、謙信が海津城を奪おうと出兵したため、第4次川中島の戦いが発生。5回起きた川中島の戦いで最大のもので、結果は引き分けに終わった。

江戸時代になると、城名は松代城に変更される。江戸初期は城主が何度も変わったが、最終的に真田幸村の兄・信之が城主となった。以後、真田家は代々の松代藩主となり、幕末まで続いた。現在では、本丸の門や石垣などが復元されている。近くにある真田邸や真田宝物館も必見。桜の名所としても知られている。

沼田城
～ぬまたじょう～

写真：沼田市観光協会

真田信之（右）と、妻の小松姫。男まさりの女性だったという

ゆかりの武将

真田信之（さなだのぶゆき）

1566～1658（永禄（えいろく）9～万治（まんじ）元）年

真田昌幸（まさゆき）の長男で、幸村（ゆきむら）の兄。1590（天正（てんしょう）18）年、昌幸から沼田城を与えられ、城を整備した。関ケ原の合戦では、東軍について昌幸・幸村と敵対する。江戸時代に初代松代藩主となり、真田の家名を残した。

DATA

住所 群馬県沼田市西倉内町594 アクセス JR沼田駅から徒歩15分 時間・料金 見学自由

【御城印配布場所】

●沼田市観光案内所

群馬県沼田市西倉内町2889-3／JR沼田駅から徒歩15分／9～17時／無休／1枚300円

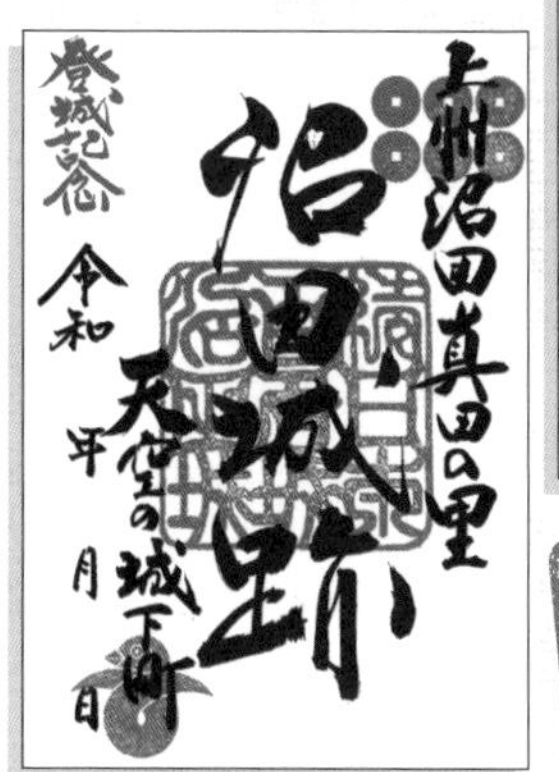

六文銭は真田家の家紋。沼田城の天守とともにデザインされている

御城印はこちら

地元民に愛され続ける真田の殿様の鐘

城跡にある鐘楼。江戸時代初期に城主の真田信吉（のぶよし）が作らせた鐘を譲り受け、明治時代に時報用として建てられたのが始まり。現在、鐘楼にかかっている鐘は複製品で、実物の鐘は沼田市歴史資料館に展示されている

写真：沼田市観光協

写真：沼田市観光協会

城の全体像を知るならココ！

城跡の近くにある沼田市観光協会では、沼田城天守の模型、城全体のジオラマなどが楽しめる。真田ゆかりの城は今も地元の人たちの誇りなのだ

上野国の小領主・沼田家の居城として築かれた。川べりの切り立った崖の上にあり、攻めにくい地形なのがわかる。北関東の軍事上の重要拠点で、交通に便利なところにあったため、上杉家・北条（ほうじょう）家・武田家といった大大名がたびたび奪い合った。

1580（天正8）年、武田家に従っていた真田昌幸が落城させる。その後、真田家は周辺の大きな勢力にほんろうされるが、何度も主君を変えて生き残り、最終的に城を守り抜いた。

城跡は現在、公園として整備されており、鐘楼（しょうろう）などが復元されている。西櫓台（にしやぐらだい）跡の石垣などが見られ、わずかに城の名残を留める。

写真：行田市観光協会

忍城 ～おしじょう～

豊臣の水攻めに耐えた『のぼうの城』の舞台

再建された御三階櫓（ごさんかいやぐら）。内部は資料館になっている

ゆかりの武将

成田氏長（なりたうじなが）

1542～1596（天文11～文禄5）年

成田家の当主で、忍城主。北条家を主君としており、北条家が豊臣秀吉に攻められたとき、忍城を家臣に任せて小田原城に籠城（ろうじょう）した。北条家が降伏したため、城を秀吉に取り上げられるが、後に大名に復帰した。

DATA

住所 埼玉県行田市本丸17-23 アクセス 秩父線行田市駅から徒歩15分
時間・料金 9時～16時30分／月・祝翌日・第4金休／200円（御三階櫓）

【御城印配布場所】
●行田市郷土博物館
忍城内／9時～16時30分／月・祝翌日・第4金休／1枚200円

御城印はこちら

歴代城主の家紋が4点並ぶ。丸に三つ引き両が成田家の家紋

写真：行田市観光協会

水攻めを実施するため三成の造った堤防

忍城攻めのとき、石田三成は水城公園の南西約2kmのところに布陣した。周囲に高地がなかったので、本陣は古墳（こふん）の上。三成が水攻めをねらって築いた「石田堤」の一部がその周辺に残っている

顔をハメればあなたも甲冑隊！

ようこそぶらっとぎょうだへ！
正木丹波守利英
MASAKI TANBANOKAMI TOSHIHIDE

忍城の戦いで活躍した武将たちが現代に復活。「忍城おもてなし甲冑隊」が行田市の魅力をアピール

江戸時代にはさらに発展！

郷土博物館にある、江戸時代の忍城模型。改修により巨大な城となった様子がよくわかる

北武蔵の領主・成田家代々の居城。広い沼地の真っただ中に築かれたため、守りやすく攻めにくい。1590（天正18）年、豊臣秀吉が北条攻めを開始。城主の成田氏長の留守中に豊臣方に攻められるが、城代の子息の成田長親や氏長の娘・甲斐姫たちの活躍で防戦したと、『成田記』など後世の書物で語られている。豊臣方の大将・石田三成は水攻めを試みたが、北条家が降伏するまで城は持ちこたえた。

このエピソードは、映画化もされた小説『のぼうの城』のモデルになった。現在、忍城本丸跡地には郷土資料館が建ち、周辺は公園として整備されている。

中部

駿府城 ～すんぷじょう～

天下人・家康が晩年を過ごした巨城

復元された巽櫓（たつみやぐら）。上から見るとL字型の珍しい構造だ

ゆかりの武将

徳川家康（とくがわいえやす）

1542～1616（天文11～元和2）年

三河（現在の愛知県東部）の小大名の子として誕生。今川家の人質として、駿府で少年時代を過ごした。後に駿河を領有し、駿府城を築城した。江戸幕府の将軍職を引退してからは、亡くなるまで駿府で政治を行った。

DATA

住所 静岡県静岡市葵区駿府城公園1-1 **アクセス** JR静岡駅から徒歩15分
時間・料金 9時～16時30分／月休（祝日の場合は翌日）／200円（御東門・巽櫓）、100円（坤櫓）

【御城印配布場所】
●駿府城公園（東御門・巽櫓、坤櫓、紅葉山庭園）の各施設入場券販売窓口
駿府城内／9～16時／月休（祝日の場合は翌日）／1枚300円（突板は500円）

静岡産ヒノキの突板に印刷された御城印（左）は全国的にも例がなく、駿府城でしか手に入らない

貫禄たっぷりの家康公像

将軍職を退いてから駿府城で過ごした晩年の姿。当時としては長生きの75歳まで生きた家康は、自分で薬も調合するほどの健康オタク。体を動かすのが好きで、鷹狩（たかが）りも趣味の1つだった

櫓は城の守りのかなめ

伝統的な工法で忠実に再現された坤櫓（ひつじさるやぐら）。「坤」とは、南西の方角のことだ。櫓は敵の動きを監視する見張り台で、城の四隅に建てられた。敵が攻めて来たとき、守備兵が立てこもって戦うところでもある

コミカルな２人がお出迎え

巽櫓の前にある「弥次（やじ）さん喜多（きた）さん」の像。江戸時代に書かれたコメディ小説『東海道中膝栗毛（とうかいどうちゅうひざくりげ）』の主人公だ

築城前は、駿河の戦国大名・今川家の本拠地があったと推定される。その後、駿河は武田家の支配下に置かれるが、武田家滅亡後は徳川家康の領土となり、天守を持つ近世の城である駿府城が築かれた。家康が豊臣秀吉の命令で江戸に移ると、豊臣家臣の中村一氏が城主となる。

天下人となった家康は、将軍職を息子の秀忠に譲り、駿府を居城とし、史上最大級といわれる天守が築かれた（江戸時代初期に焼失）。江戸時代を通して幕府の城だった。明治になると、城内の建物や石垣の一部は壊された。現在、城跡は、公園や学校などに整備され、巽櫓などの建造物が復元されている。

鑁阿寺の楼門。現在の建物は室町幕府13代将軍・足利義輝が再建

鎌倉時代の武士たちは戦国とはちょっと違う!?

写真：足利市

関東 足利氏館

～あしかがしやかた～

　鎌倉時代、源氏一門の源義康（よしやす）という武将が、領地である足利の地に築いたとされる館。この「足利」の地名から、彼の子孫は足利家を名乗るようになり、尊氏の代に室町幕府を開く。現在は鑁阿寺（ばんなじ）というお寺になっているが、これは鎌倉時代に義康の子の足利義兼（よしかね）が開いた。

　戦いに備えて、正方形の敷地の周りに堀と土塁（どるい）が巡らされており、現在も残っている。戦国時代や江戸時代の城とイメージは違うが、武将の住まいがどう進化していったかがわかるので興味深い。

鑁阿寺の御本尊である大日如来の朱印が押されている

DATA

住所 栃木県足利市家富町2220 **アクセス** JR足利駅から徒歩10分 **時間・料金** 9～16時／無休

【御城印配布場所】

●鑁阿寺本堂

9～16時／無休／1枚500円

太鼓門は、関東唯一の現存する櫓門（上部が櫓になった門）だ

大洪水ニモマケズ 亀のように浮かんでいた!?

写真：土浦市立博物館

関東

土浦城
～つちうらじょう～

室町時代、常陸の大名・小田家の家臣が築いた。平安時代に平将門が砦を築いた地という伝説が残るが、明確な証拠はない。

豊臣秀吉の天下統一後、徳川家康の息子で結城家の養子となった結城秀康の支配下に入る。関ケ原の戦い後、代々の土浦藩主の居城になった。「亀城」という異名は、土浦が洪水に見舞われたときも水没せず、遠目に亀の甲羅のように見えたことから。本丸の櫓門と霞門は、江戸時代の建物がそのまま残っている貴重な文化財である。

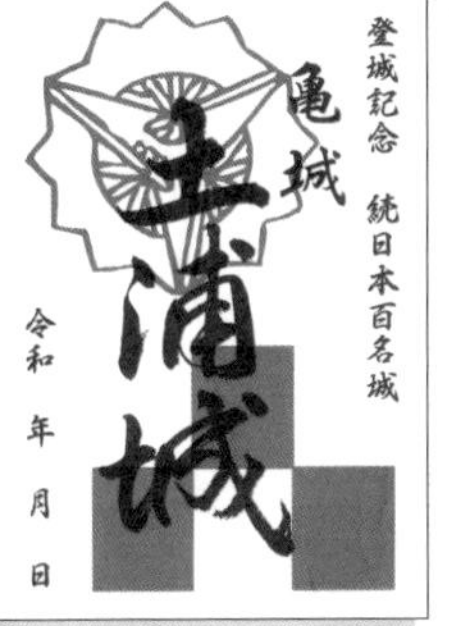

三石畳は土屋家、三つ扇は大河内松平家の家紋

DATA

住所 茨城県土浦市中央1-13 **アクセス** JR土浦駅から徒歩15分 **時間・料金** 9時～16時30分／月休（祝日の場合は翌日）／105円（いずれも東櫓。その他は見学自由）

【御城印配布場所】

●土浦市立博物館

茨城県土浦市中央1-15-18／JR土浦駅から徒歩15分／9時～16時30分／月休(祝日の場合は翌日)／1枚300円

岐阜城

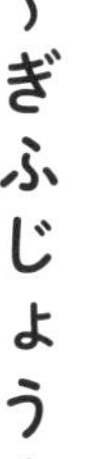

~ぎふじょう~

写真:岐阜市

気分は天下人・信長 城からの絶景は必見!

近年の調査で信長時代のものと見られる石垣が天守台から発掘された

ゆかりの武将

斎藤道三(さいとうどうさん)

1494~1556(明応3~弘治2)年

美濃の戦国大名で「マムシ」の異名をとる。低い身分から実力でのし上がり、美濃の国主だった土岐家を追放した。本拠地の稲葉山城(岐阜城)を大改築し、城下町を整備する。最期は息子の義龍と対立し、敗死した。

DATA

住所 岐阜県岐阜市金華山天守閣18 **アクセス** JR・名古屋鉄道岐阜駅からバス15分、岐阜公園・歴史博物館前下車、徒歩3分、ロープウェー4分、山頂駅から徒歩8分 **時間・料金** 9時30分~17時30分/無休/200円(天守)

【御城印配布場所】

●ぎふ金華山ロープウェー山麓駅売店

岐阜県岐阜市千畳敷下257/JR岐阜駅からバス15分、岐阜公園・歴史博物館前下車、徒歩4分/9~18時(10~3月は17時まで)/無休/1枚300円

御城印はこちら

織田・斎藤・明智家の家紋が入る金の御城印（上）は、毎月最終金曜限定販売

写真：岐阜市

道三や信長が見た風景
気分は一国一城の主

山頂にそびえる天守からは、岐阜市街を一望できる。手前を流れるのは長良川（ながらがわ）。下剋上をなした斎藤道三や、岐阜城から天下を夢見た織田信長の野望を追体験してみよう

「信長どて丼」を完食すると、丼の下から織田家の家紋が登場する

お城で楽しめるB級グルメに
器に隠された秘密が……

金華山（きんかさん）山頂にある展望レストラン「ポンシェル」の名物メニューは「信長どて丼」。味噌で煮込んだ牛すじと豚ホルモンがご飯によく合う

もとは稲葉山城といい、始まりは鎌倉時代にまで遡る。この城が守る美濃は「美濃を制する者は天下を制する」と言われるほど重要な土地だった。戦国時代には、美濃で「下剋上」をなし遂げた斎藤道三の居城となった。彼は稲葉山城を大規模改修し、難攻不落の城を造り上げた。

道三の死後、織田信長が調略（ちょうりゃく）を活用して城を落とす。信長は本拠地をここに移し、名前を「岐阜城」と改める。信長が安土城に本拠地を移すと、嫡男（ちゃくなん）の信忠（のぶただ）が城主になり、関ケ原の戦い後に廃城となる。現在の天守は1956（昭和（しょうわ）31）年に再建されたもの。金華山一帯は「岐阜城跡」として国史跡に指定されている。

城の南西部に残る大石垣は新幹線の窓からも見える

近畿

観音寺城

~かんのんじじょう~

要塞化した山全体にさまざまなタイプの石垣

近江の大名・六角家が築いた城。非常に広大な山城なので、歩きやすい登山用の靴が必須だ。曲輪（くるわ）は山中いたるところに多数点在しており、伝平井丸（でんひらいまる）のように居住していた家臣の名前から名づけられたものが多い。

城主の六角家は籠城にはあまりこだわらず、居城をいったん放棄した後に取り返す戦略をとることが多かった。1568（永禄（えいろく）11）年、織田信長（おだのぶなが）に攻められた六角義賢（よしかた）・義治（よしはる）は城を捨てて逃亡。六角家はその後も抵抗を続けたが、城は取り戻せず廃城となった。

達筆の筆文字が映える。「佐々木六角」と記されたバージョンもある

DATA

住所 滋賀県近江八幡市安土町石寺 **アクセス** JR安土駅から車10分、観音正寺表参道入口から徒歩30分
時間・料金 見学自由

【御城印配布場所】

●観音正寺

滋賀県近江八幡市安土町石寺2／JR安土駅から車10分、観音正寺表参道入口から徒歩20分／8時～16時30分／無休／1枚350円

豊川（とよかわ／左）と宇連川（うれがわ）の合流点にある。見るからに攻めにくそう

写真：新城市長篠城址史跡保存館

中部

長篠城
～ながしのじょう～

2つの川と断崖絶壁という、自然の地形に守られた城。三河と遠江（とおとうみ）の境にあり、武田家と徳川家の奪い合いとなる。1573（天正元（てんしょう））年に徳川家康が攻め落とし、武田家に備えて城を改修。1575（天正3）年、奥平貞昌（おくだいらさだまさ）の守る長篠城を武田勝頼（かつより）が包囲し、城の救援に向かった織田・徳川の連合軍を、勝頼が迎え撃った。戦いは鉄砲を活用した連合軍の勝利に終わり、長篠城は籠城（ろうじょう）を耐え抜くことができた。現在、城跡は史跡として保存され、巨大な土塁や堀を見ることができる。

長篠城主だった奥平（おくだいら）家（左上）、菅沼（すがぬま）家（右下）の家紋入り

DATA

住所 愛知県新城市長篠市場22-1 アクセス JR長篠城駅から徒歩8分 時間・料金 見学自由

【御城印配布場所】

●長篠城址史跡保存館

長篠城内／9～17時／火休／1枚300円

九州

熊本城

~くまもとじょう~

清正公の築いた名城は震災から立ち上がる

竹の丸から望む大天守。石垣の迫力に圧倒される

ゆかりの武将

谷干城（たにたてき）

1837～1911（天保8～明治44）年

幕末～明治時代の軍人。西南戦争では政府軍司令官として、熊本城を薩摩藩士達から死守した。50日以上も包囲される激戦だったが、城の堅牢さも手伝い籠城戦を耐え抜いた。その後、政治家としても活躍することになる。

DATA

住所 熊本県熊本市中央区本丸1-1 **アクセス** JR熊本駅より市電17分、熊本城・市役所前下車、徒歩12分 **時間・料金** 9～17時／無休／500円

【御城印配布場所】

●二の丸お休み処

熊本城内／9～17時／無休／1枚300円

●熊本城本丸お休み処

熊本城内／9時～16時30分／無休／1枚300円

加藤家家紋「蛇の目紋」と、細川家家紋「九曜紋」が。イベント時に登場する限定版（左）も

江戸時代から残る宇土櫓も！

宇土櫓越しに天守を眺める。熊本地震の被害からの復旧が進められている

並ぶ天守の堂々たる風格

1960（昭和35）年に復元された大天守と小天守。下部がなだらかで、上部がほぼ垂直になる石垣など、敵の侵入を防ぐ多くの工夫がある。屋根部分の三角形の装飾「千鳥破風（ちどりはふ）」も見どころ

秀吉の時代に肥後に入った加藤清正が「隈本城」をもとに約17年かけて大改修。完成した際に名前を「熊本城」と改めた。尊敬を込めて「清正公さん」と呼ばれる清正は築城の名手で、後の西南戦争では西郷隆盛が「官軍ではなく清正公に負けた」と語ったという。訪れたらその見事な高石垣、通称「武者返し」は見ておきたい。また本丸の西北にある宇土櫓は、築城当時の姿を唯一とどめており貴重だ。

別名「銀杏城」とも呼ばれ、秋には大きな銀杏が黄金色に輝く。「銀杏の木が天守と同じ高さになった時何か異変が起こる」と清正が予言したとされ、ちょうど西南戦争にあたる、という言い伝えも。

天守は江戸中期の再建だが、様式は安土桃山時代の古めのものだ

四国

高知城

～こうちじょう～

重要建築が多く現存する 日本一運がいい城

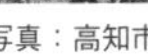
写真：高知市

関ヶ原の戦いの後、土佐(とさ)に入った山内一豊(やまのうちかつとよ)※が築城した。もとは河中山城(こうちやまじょう)といったが、やがて高智山城と表記が変わり「高知」の地名へと変化した。江戸時代を通じて土佐藩主山内家の居城であり、幕末の藩主・山内豊信(とよしげ)［容堂(ようどう)］は明治維新で大きな役割を果たした。

江戸時代中期の1727（享保(きょうほう)12）年に火災にあっており、現在の遺構はその後再建されたもの。明治初期の城郭破壊や戦災などに耐え抜き、天守や御殿など、本丸の建造物が完全に残る日本唯一の城となった。

丸三葉柏紋は山内家の家紋

DATA

住所 高知県高知市丸ノ内1-2-1 **アクセス** JR高知駅からバス10分、高知城前下車すぐ **時間・料金** 9～17時／無休／420円（天守）

【御城印配布場所】

●高知城入場券売り場

高知城内／9～17時／無休／1枚200円

現存天守

※「かずとよ」とも

近畿

二条城
～にじょうじょう～

美しい唐門は、江戸時代初期に後水尾（ごみずのお）天皇を迎えるため建てられた

江戸の始まりと終わりはこの城が舞台だった

写真：元離宮二条城事務所

関ヶ原の戦いで勝利し、天下人になった徳川家康が、上洛時の宿所として築城。かつて二条には織田信長、豊臣秀吉も屋敷を構えていた。家康が朝廷から征夷大将軍に任じられたとき、祝賀を行ったのもこの場所である。三代将軍家光以降は将軍が上洛する機会がなく、出番がなくなった。

二条城が再び歴史の表舞台に立つのは幕末になってから。最後の将軍・徳川慶喜（よしのぶ）が、政権を朝廷に返す大政奉還（たいせいほうかん）の意思表明をこの城で行い、江戸幕府の歴史が終わった。

葵の御紋は、城内建造物の飾金具に刻まれている葵紋を再現

DATA

住所 京都府京都市中京区二条通堀川西入二条城町541 **アクセス** JR京都駅からバス16分、二条城前下車すぐ。京都市営地下鉄二条城前駅下車すぐ **時間・料金** 8時45分～17時（夏期は異なる）／無休／1030円

【御城印配布場所】

●大休憩所内売店

二条城内／8時45分～16時45分（夏期は異なる）／無休／1枚300円

Column

高くて急なほど「強い」城に

石垣の積み方あれこれ

敵に城内へ攻め込まれないようにするには、どうすればいいか。一番は高低差を作ること。目の前に背丈より高い壁があれば、それを越えて侵入するのはなかなか難しい。高ければ高いほど、そして角度がきついほど効果的。こうして石垣を積む技術は発展していった。

最も初歩的といえる石垣は、「野面積(のづらづ)み」と呼ばれる、ほぼ自然石を使ったもの。サイズは小ぶりで形もさまざま。隙間ができやすく、あまり高く積むことはできない。戦国時代でも初期の城や、比較的小勢力の城に多い。それほど技術力がなくても築けるうえ、材料の石も手に入りやすいからだ。

熊本城の高石垣。「扇(おうぎ)の勾配(こうばい)」と呼ばれるカドをよく見ると、互い違いに幅が異なる。算木積みの典型例だ

写真:japal-Fotolia

少し時代が下ると、石の表面を削って平らにして隙間なく積む「打ち込み接(は)ぎ」という手法が登場。さらに「切り込み接ぎ」という、ほぼ石同士が密着して積む手法が登場。江戸時代に入ってから築城された城によく見られる。

どんなに高く積んでも、石垣が崩れてしまっては意味がない。そのために重要なのがカド。横長の石を互い違いに組み合わせる「算木積(さんぎづ)み」で崩れにくくしている城は多い。

「間詰石(まづめいし)」と呼ばれる、石と石の隙間を埋める小石も強度アップに一役買っている。ただし隙間がまったくないほうがいいかというと、そうもいかない。排水ができないと溜まった水で強度は弱まってしまうからだ。切り込み接ぎの場合は隙間ができづらいので、水を抜くため排水溝を設けるのが一般的。

最後に、目に見えない石垣の裏側について。山城(やまじろ)では石垣を剥がすと土壁ということもあるが、「裏込め石(うらごいし)」という小石を敷き詰めるとより安定する。いわば縁の下の力持ち。これがあってこそ、見上げるような高石垣も成立しているといえるのだ。

第3章

武将に変身、VR、謎解き……親子でワクワク！

楽しい体験ができる城

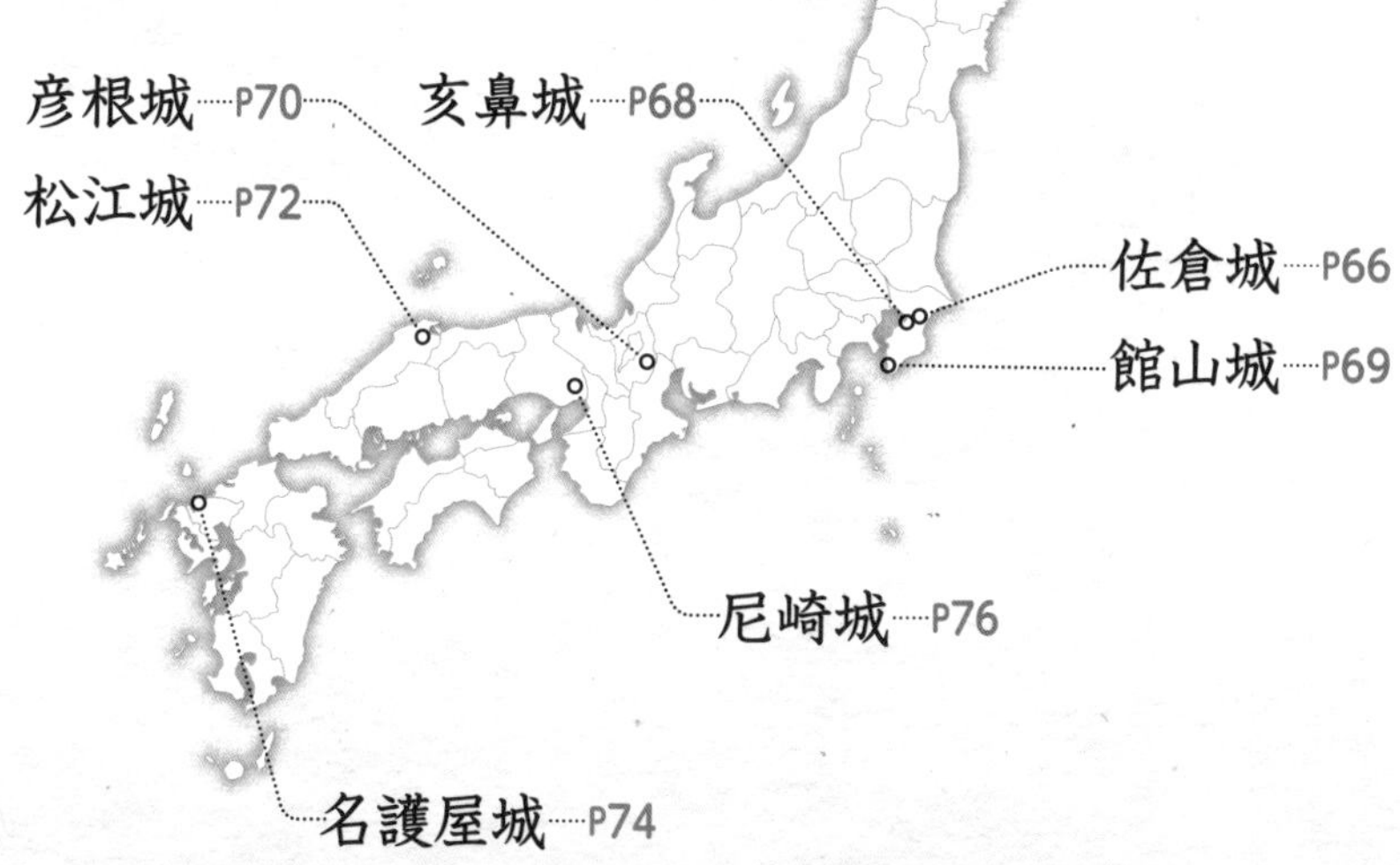

〈アイコンの見方〉 体験メニューあり　イベントあり　眺望よし　天守あり

関東

佐倉城
～さくらじょう～

写真：佐倉市教育委員会

コの字形の堀を巡らせた角馬出（かくうまだし）を再現。桜の季節が特に見ごたえあり

ゆかりの武将

土井利勝（どいとしかつ）

1573～1644（元亀（げんき）4～寛永（かんえい）21）年

中止されていた工事を徳川家康の命により再開し、佐倉城を完成させた人物。幕閣最高の大老職まで務めた実力者だ。家康の従弟とされるが、実は家康の隠し子という俗説がある。遇の良さなどから、実は家康の隠し子だったという俗説がある。

DATA

住所 千葉県佐倉市城内町官有無番地 **アクセス** 京成電鉄佐倉駅から徒歩20分 **時間・料金** 見学自由

【御城印配布場所】

●京成佐倉駅前観光案内所

千葉県佐倉市栄町8-7／京成電鉄佐倉駅から徒歩1分／8時30分～17時／無休／1枚300円

御城印はこちら

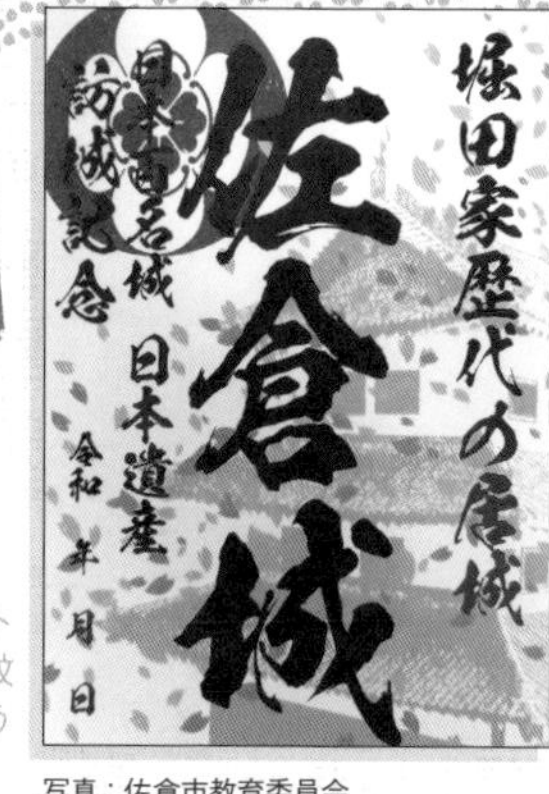

城のシルエットと堀田家の家紋に桜吹雪が舞う

写真：佐倉市教育委員会

家族で武士気分！

写真：佐倉市教育委員会

武家屋敷の1つである旧但馬家住宅で行われている甲冑試着会の様子。大中小の各サイズが用意されている。また、台所にあるカマドでご飯を炊くなどの小学生向け体験イベントも行っている

写真：佐倉市教育委員会

緑多き歴史公園

本丸天守台跡。そのそばに立つ樹齢約400年の夫婦モッコクは千葉県の天然記念物

当時の生活がわかる佐倉藩士が暮らした家

旧但馬家住宅は市の指定有形文化財。近隣の武家屋敷の中でも、この屋敷だけはほかからの移築ではないものだ

写真：佐倉市教育委員会

北に印旛沼（いんばぬま）、西と南に鹿島川と高崎川が流れる平山城（ひらやまじろ）。石垣が使われておらず、水堀、空堀、土塁で守りが固められた。現在も天守台跡などの遺構（いこう）が残っており、千葉県で唯一、日本百名城に選定されている。

城跡は佐倉城址公園として整備され、東端の広場にある佐倉城址公園センターでは城の古写真や模型、城内で出土した遺物などを展示。城下町には雰囲気ある竹林の中をゆく「ひよどり坂」や、中を見学できる武家屋敷など、歴史を感じるスポットも満載だ。武家屋敷では不定期で甲冑試着体験が行われているので、親子でサムライになりきってみては？

平安時代の築城なので天守は史実では存在しなかったものだ

写真：塚原緑地研究所

亥鼻城
～いのはなじょう～

平安時代に築城された歴史ある城で、千葉家当主が代々居城としていた。現在は土塁（どるい）、堀切（ほりきり）などが残るのみだが、模擬天守が建てられ、千葉市立郷土博物館となっている。ここでは昔の遊び体験や、歴史衣装の解説を聞き、実際に甲冑や武家の女性の衣装を着用する体験を不定期で行う（要予約）。

参加は市内在住者限定だが、3日間かけて厚紙と紐で作る鎧づくり体験（1200円）や、大鎧を着て乗馬する鎌倉騎馬武者体験（2000円）もある。

千葉家の家紋「月星紋」と、騎馬武者姿の千葉常胤（つねたね）

写真：塚原緑地研究所

DATA

住所 千葉県千葉市中央区亥鼻1-5-6 **アクセス** JR本千葉駅から徒歩15分
時間・料金 9～17時／月休（祝日の場合は翌日）／見学自由（郷土博物館）

【御城印配布場所】
●いのはな亭
千葉県千葉市中央区亥鼻1-6／10時～16時30分（冬期は～16時）／無休／1枚300円

関東

館山城
～たてやまじょう～

天守形式の建物は福井県にあった丸岡城のものを模して造られた

八犬伝の伝説にまつわる謎解きゲームで城を救出！

写真：塚原緑地研究所

曲亭馬琴による伝奇小説『南総里見八犬伝』のモデルになった里見家。その第七代当主である里見義頼が築城した。しかし、その後30年あまりで里見家はとり潰され、廃城に。城跡は城山公園として整備され、頂上には天守を模した建物の八犬伝博物館がそびえている。

2020（令和2）年9月16日からは、館山城を舞台にしたリアル謎解きゲームを開催（500円、入館料含む）。謎を解いて宝箱を探し出し、館山城を救おう！

模擬天守・館山城の上に里見家の家紋「二引両文」

写真：塚原緑地研究所

DATA

住所 千葉県館山市館山362
アクセス JR館山駅からバス10分、城山公園前下車すぐ 時間・料金 9時～16時45分／400円（八犬伝博物館）

【御城印配布場所】

●八犬伝博物館

千葉県館山市館山362／9時～16時45分／月休（祝日の場合は翌日）／1枚300円

近畿

彦根城 ～ひこねじょう～

屋根の三角形の部分「破風（はふ）」はそれぞれ違った様式になっている

ゆかりの武将

井伊直弼（いいなおすけ）

1815～1860（文化12～安政7）年

幕末期の江戸幕府で大老を務めた大名で、黒船来航を機に江戸へ出仕し、日本の開国・近代化を断行した。彦根城は彼が生まれ育った地。近江彦根藩の第15代藩主でもあった。桜田門外の変で水戸藩士に暗殺される。

現存天守

DATA

住所 滋賀県彦根市金亀町1-1 **アクセス** JR彦根駅から徒歩15分 **時間・料金** 8時30分～17時／無休／800円（天守）

【御城印配布場所】

●国宝・彦根城運営管理センター

彦根城内／8～17時／無休／1枚300円

赤い台紙は井伊の赤備えをイメージしている

御城印はこちら

写真：国宝・彦根城運営管理センター

©彦根市

会いに行きたい城キャラ人気No.1

ひこにゃんは彦根城博物館前や天守前に登場。登場時間はホームページのほか、城内にも掲示される。雨の日は博物館の建物内でパフォーマンスが行われる

写真：K.INABA / stock.adobe.com

類を見ない特殊な構造！防衛の要を担う天秤櫓

大手門と表門からの道が合流する位置にある天秤櫓（てんびんやぐら）。両側の隅に2階建ての櫓があり、天秤風に見えることから名づけられた。幕末の改修で石垣の積み方が堀切両側で異なる（写真左が築城当時のまま）

現存天守12城のうちのひとつであり、さらにその中でも国宝に指定されている5天守のうちのひとつ。井伊家の拠点として築かれた平山城（ひらやまじろ）で、建てられた彦根山の別名「金亀山（こんきやま）」から「金亀城」とも呼ばれる。もちろん、見どころは天守や太鼓門櫓（たいこもんやぐら）などの城の遺構だが、敷地内には彦根城博物館や開国記念館といった施設もある。そのほか、約400本の梅が咲き誇る梅林や、いろは松と呼ばれる松並木など、歩くだけでも自然の景観を楽しめる。

城内には彦根市のキャラクター・ひこにゃんが毎日登場。スケジュールは日によって変わるので、公式HPをチェックしよう。

中国

松江城
~まつえじょう~

天守は特殊な構造が評価され、2015（平成27）年に国宝指定

ゆかりの武将

堀尾吉晴（ほりおよしはる）
1543~1611（天文12~慶長16）年

松江城を建てた武将。勇猛果敢で武勇もあるが、裏腹に温和で誠実な一面もあり、「仏の茂助」と呼ばれるほどの人格者だったという。豊臣秀吉の古参の重臣で、豊臣政権では三中老に任命されるなど信頼も絶大だった。

現存天守

DATA

住所 島根県松江市殿町1-5 **アクセス** JR松江駅からバス10分、国宝松江城・県庁前下車、徒歩2分 **時間・料金** 8時30分～17時（夏期は～18時30分）／無休／680円（天守）

【御城印配布場所】
●ぷらっと松江観光案内所
島根県松江市殿町428／8時30分～17時／無休／1枚350円～

御城印はこちら

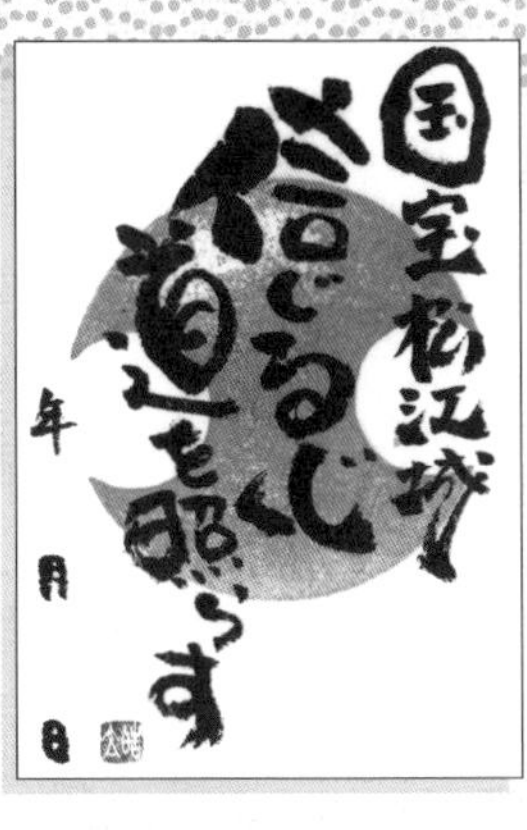

オリジナルメッセージがはいった、世界にひとつだけの御城印は1枚500円

天守前で戦が勃発!?

2016（平成28）年、チャンバラしたり門を破ったりと、戦国時代の城攻め合戦を体験できるイベント「鷹の爪団のSHIROZEME」が敷地内で開催された

写真：ぷらっと松江観光案内所

城主自らが接客＆販売!?

堀尾吉晴をイメージしたイラストがラッピングされたこの自販機は、「よう参られた」などのセリフをしゃべる

松江城の防衛を実戦で体感

鷹の爪団のSHIROZEMEを模した体験ツアー商品も販売された。守備隊として甲冑を身に着け、ガイドの侍大将とともに城を守るというコンセプトだ

写真：松江観光協

現存する天守は国宝に、城跡は国の史跡に指定されている。天守内部は五層になっており、最上階の「天狗の間」は松江市内を360度見渡せる見事な望楼。屋根のシャチホコは高さ2・08mで、現存天守の中では最大の大きさだ。

城下では、堀を小舟で巡る「堀川めぐり」もおすすめ。昔の姿を残した風景を楽しみ、城の撮影スポットもある歴史区、現在の松江の姿を見る市街地区、咲き誇る梅や桜など動植物が迎える自然区に分けられ、50分ほどで1周する。近隣の着物レンタル店では忍者衣装体験ができるので、歴史ある松江の街や城を忍者になりきって観光してみるのもいいだろう。

九州

名護屋城
~なごやじょう~

写真：名護屋城博物館

400年の時を超えて
バーチャル世界で再建！

かつて五層七階の天守が建っていた天守台跡からは対馬を望めることも

ゆかりの武将

豊臣秀吉（とよとみひでよし）

1537～1598（天文6～慶長3）年

天下統一をなし遂げ戦国を終わらせた人物。朝鮮半島・中国大陸への進出を目指した文禄・慶長の役を起こし、その出兵拠点とするために築かせたのがこの城だ。戦火は朝鮮半島全土におよび、戦いは前後7年にわたった。

DATA

住所 佐賀県唐津市鎮西町名護屋1931-3 **アクセス** JR西唐津駅からバス40分、名護屋城博物館入口下車、徒歩5分 **時間・料金** 見学自由／100円（任意の歴史遺産維持協力金）

【御城印配布場所】

●名護屋城博物館
佐賀県唐津市鎮西町名護屋1931-3／9～17時／月休（祝日の場合は翌日）／1枚300円

朱印には、城跡から出土した瓦の紋をデザイン

写真：名護屋城博物館

写真：名護屋城博物館

入口を守る荘厳な大手門 バーチャルで現代に復活！

城の破却（はきゃく）時に解体されてしまった本丸の大手門も、CGで見事に再現

VRタブレットはレンタルも可能。往時の姿と現在の姿を比較してみよう

写真：名護屋城博物館

写真：名護屋城博物館

三ノ丸もバーチャル復活！

VR上で再現された三ノ丸。現在は石段のみが残っているのだが、同じ箇所に新旧の石段が発見されている。一度旧石段が作られ、すぐに埋められて新しい石段が作られたと考えられている

1591（天正19）年に築かれた平山城。城の面積は17万㎡にもおよび、当時としては大坂城に次ぐ規模を誇ったという。城に隣接して県立名護屋城博物館があり、日本と朝鮮半島との交流史に関する展示を行っている。

この博物館ではVRによって往時の姿を見られる「バーチャル名護屋城」のサービスが行われており、スマートフォン、タブレット端末用アプリが配信されている。これを使って城内を歩けば、位置情報に合わせてCGで再現された構造物が画面に表示される。いろいろな場所に端末をかざし、400年以上前の城の姿と現在の姿を重ね合わせてみよう。

尼崎城
〜あまがさきじょう〜

写真：あまがさき観光局

現代に蘇った天守は楽しい仕掛けがいっぱい

旧ミドリ電化の創業者が「創業の地に恩返し」として建設・寄贈

ゆかりの武将

戸田氏鉄（とだうじかね）

1576〜1655（天正4〜明暦元）年

生涯を通じて徳川家に従い、家康以来の歴代将軍家の信頼も厚かった戦国武将。築城者にして尼崎藩主。四重四階の天守を築いた。その後、大垣藩の藩主に。新田開発や農民政策、治山治水政策など積極的な改革を行った。

DATA

住所 兵庫県尼崎市北城内27 **アクセス** 阪神電車尼崎駅から徒歩5分 **時間・料金** 9〜17時／月休（祝日の場合は翌日）／500円

【御城印配布場所】

●尼崎城1階受付

尼崎城内／9〜17時／月休（祝日の場合は翌日）／1枚300円

御城印はこちら

「尼崎城」の文字は尼崎双星高校書道部によるもの

写真：あまがさき観光局

親子で姫＆武士に大変身

写真：あまがさき観光局

3階のなりきり体験ゾーンでは、お姫様の長襦袢（ながじゅばん）と色打掛（いろうちかけ）、武士の着物と袴があり、兜は2種類から選べる。背景に金の襖が立てられており雰囲気も抜群だ

写真：あまがさき観光局

撃って学べる体験コーナー

鉄砲体験は、尼崎城や鉄砲に関するクイズに撃って答えたり、15秒間にできるだけ多くの的を狙う早撃ちをしたりと、ゲーム感覚で楽しめる

江戸幕府が成立したのち、西国の支配の拠点の1つとして築城された。本丸やほかの曲輪の多くは市関連施設や宅地として使われているが、2019（平成31）年に尼崎城址公園に天守が再建され、内部は観光や体験にスポットを当てた施設となっている。

2階の尼崎城ゾーンには、往時の様子を再現したVRシアターや、映像に現れる竹やワラを切る剣術体験、ゲーム感覚の鉄砲体験があり、実際に見て触って楽しく学べる。3階はお姫様、忍者、武士などの衣装を着て撮影できる「なりきり体験ゾーン」。5階はヒノキの木板に囲まれた展望ゾーンで、尼崎の街並を一望できる。

Column

季節によって行くべき城は変わる

城巡りのベストシーズンは?

美しい紅葉が終わり、葉が落ちきった秋の終わりになると、城好きたちは急にそわそわし始める。城に行きたくてたまらなくなってくるのだ。

一般的な観光シーズンは、春先に暖かくなってからと、緑が濃くなる夏、そして紅葉の時期まで。だが城に足を運ぶなら、ほぼその逆。晩秋から冬、そして春先までがベストシーズン。多少地域によっても異なるが、10月下旬から4月、せいぜい5月までだ。なぜかというと……。

植物が茂りすぎると、せっかくの城の遺構がわからなくなってしまうのがその一番の理由だ。特に山城(やまじろ)。真夏に汗水垂らして山上まで登って来たのに、石垣も土塁(どるい)も空堀(からぼり)も、ほとんど藪の中。そんな経験をしたことのある城好きは多い。だが下草の枯れた季節に足を運べば、そんな徒労(とろう)を感じることもなくなる。その城の遺構をすみずみまで見学できる。

岐阜城の天守手前の細尾根を補強した石垣。夏だと草が茂っており、かろうじて確認できる程度

岩櫃城の竪堀。冬だとくっきりと見える

ただし、日が短くなっているというデメリットも。山城に登るときは、日が傾き始める前に下山するのが基本。どんなに低い山でも日没が過ぎると一気に暗くなり、道に迷ってしまう危険は避けられない。油断は禁物。

平城や平山城で、公園化されているような城ならそんな心配はほとんどない。春の終わりから夏を経て秋までは、そういった比較的有名な名城へ足を運びたい。

このタイプの城で意外に盲点(もうてん)なのが、桜の季節。桜の名所になっている城は全国に多く、ほかの時期の何十倍もの観光客でにぎわい、期間限定のお祭りや出店で混雑することも。お祭りを楽しむためならよいのだが、城自体を鑑賞したいなら、桜前線の最新情報を気にしつつ、その時期は避けたほうが無難だ。

第4章

探検気分で歩いてみよう、登ってみよう

自然豊かな城

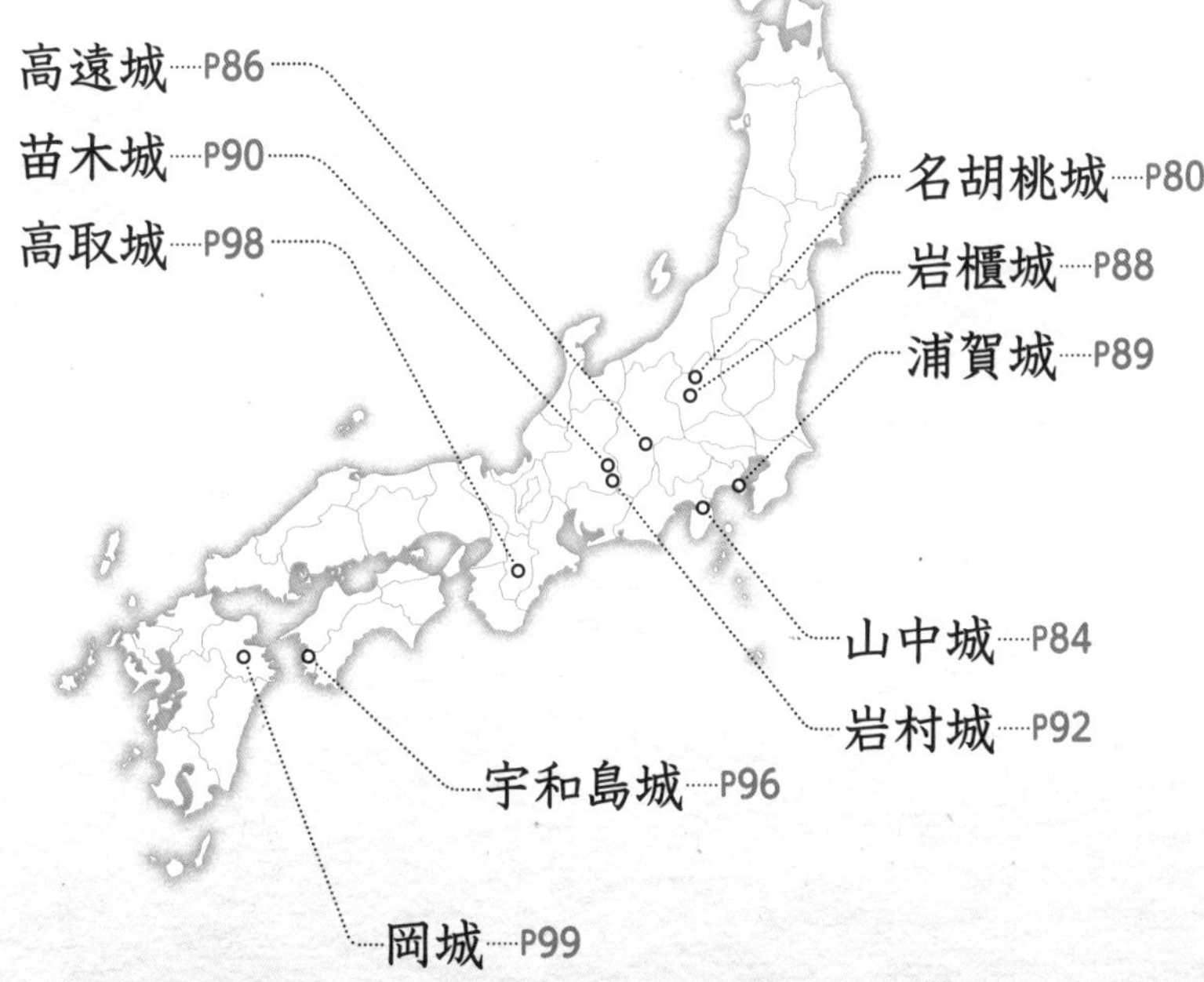

〈アイコンの見方〉 体験メニューあり イベントあり 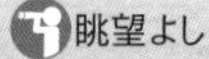眺望よし 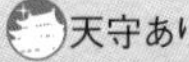天守あり

名胡桃城 ～なぐるみじょう～

激戦地を任された真田一族の前線基地

真田家の家紋、六連銭※ののぼりが立つ二の郭。真田家に思いを馳せながら散策を楽しもう

ゆかりの武将

鈴木重則（すずきしげのり）
1547～1589（天文16～天正17）年

真田家の家臣。名胡桃城の城代を務めるが、1589（天正17）年に北条家家臣の猪俣邦憲（いのまたくにのり）によって名胡桃城を奪われると、自身のふがいなさを恥じ、自害した。豊臣秀吉が小田原の北条家を攻めるきっかけとなった。

DATA

住所 群馬県みなかみ町下津3462-2 アクセス JR上毛高原駅から車7分
時間・料金 見学自由

【御城印配布場所】
●名胡桃城址案内所
名胡桃城内／9～16時／無休／1枚300円

※「六文銭」とも呼ばれる

真田家ゆかりの城として、中央には六文銭の家紋

写真：みなかみ町観光協会

堀に架かる橋を渡って三郭から二郭へ

橋でつながった三郭(左)と二郭(右)。橋の外側(三郭側)では、幅約3m、深さ約1.5mの三日月形をした堀（三日月堀）が見つかっているが、改修時に埋められたと考えられている

大きな堀を越えて二郭へ！

三郭（左）と二郭（右）の間にある堀切（ほりきり）は幅11～13m、高さ5.5～7m。堀の斜面の角度は三郭側が45度に対して二郭側が55度と、より城の中枢部（ちゅうすうぶ）となる二郭の方が急な角度で掘られている

ジグザク曲がる通路で敵を狙い撃ち！

二郭の南虎口（こぐち）は、内部が直接見透かされないように、郭内の建物敷地より1段高い位置に造られていた。正面や横方向から攻撃できるように食い違いにしている

橋を渡れば いよいよ本郭

二郭の北虎口を出ると幅14～16m、長さ7～9mの堀が広がり、二の郭南東虎口と同様に、進路は直角に曲げられている。最終防衛ラインとしての万全の守り

ささ郭まで足をのばし 見張りになった気分！

本郭（ほんくるわ）からさらに北東に伸びる、ささ郭からは眺望が抜群だ。利根川や沼田城下の一部が望め、戦ううえで重要な場所だったことがよくわかる。ここから近隣の敵を見張ったのだ

細長い通路の先にささ郭

ささ郭は、本郭が外に対してむき出しにならないように設けられた区画。土塁（どるい）を両側にもつ狭く長い通路があり、先端部には袖郭（そでくるわ）と物見が屋根伝いに下方へ連なっていた

名胡桃城が築かれた場所は、戦国時代に武田信玄や上杉謙信、後北条家らが争奪戦を繰り返した地域だ。信玄に仕えた真田昌幸が築いた真田家の前線基地にあたり、御城印には真田家の家紋「六連銭」が描かれている。

利根川と赤谷川の合流地点近くの河岸段丘の3方が絶壁となっている天然の要塞に築かれ、利根川を挟んで約5km南にある沼田城を攻略するのが築城の目的だった。城跡から見渡せる美しい景色は、かつて戦場だったのだ。国道17号によって分断されてしまっているが、三郭と二郭の間の堀切や、二郭と本郭の間の空堀など、遺構が良好な状態で残っている。

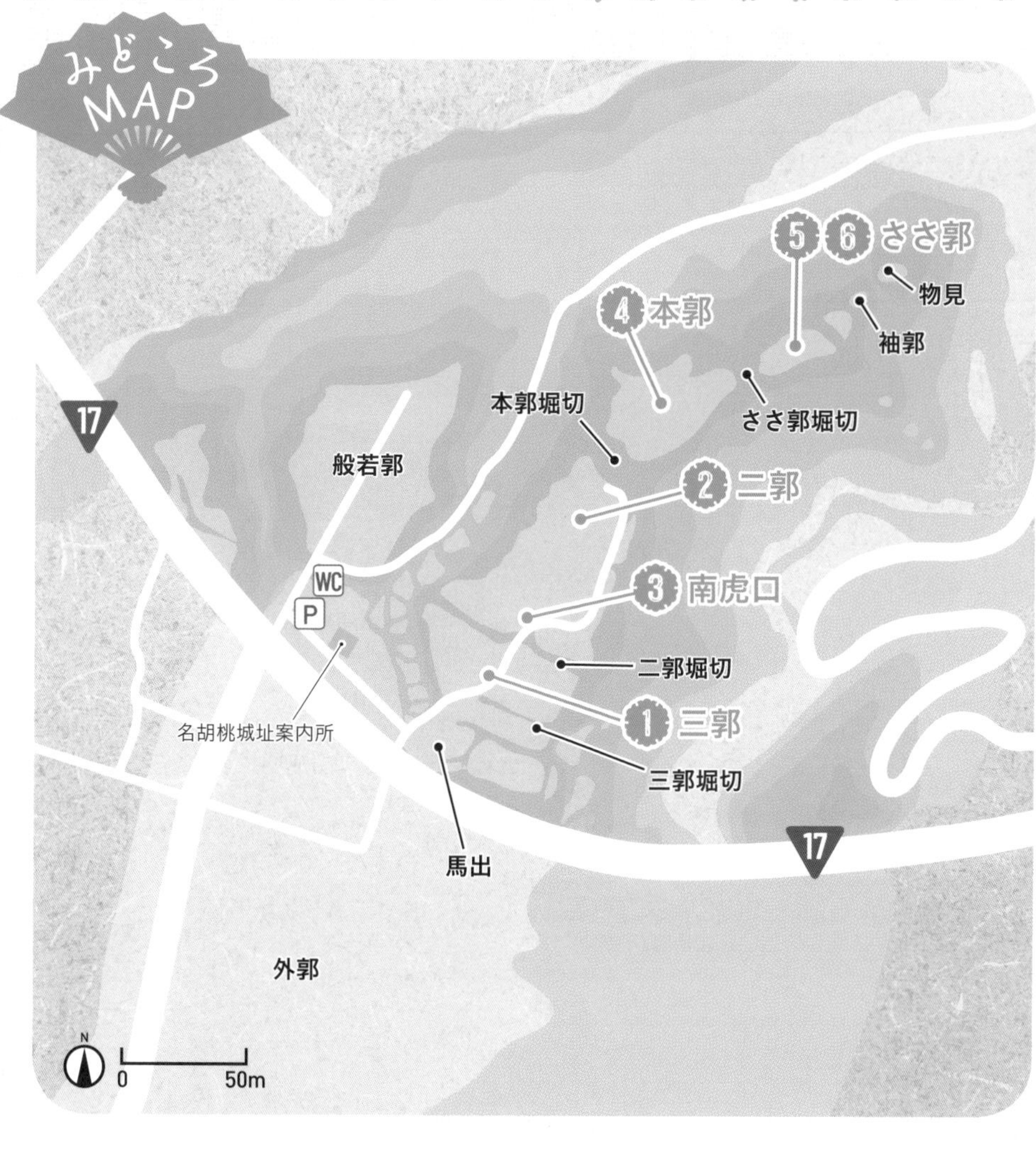

名胡桃城を守っていた真田家の家臣・鈴木重則（すずきしげのり）が自害したことをきっかけに、豊臣秀吉の天下統一の発端となった小田原攻めが行われた。戦国時代の重大な事件のきっかけになったため、御城印には「歴史を変えた」と書かれている。北条家が滅亡すると名胡桃城は廃城となり、実際に使用されたのは約10年間だった。

名胡桃城址案内所には歴史ガイドが常駐しているので、詳しい解説を聞くこともできる。また、真田家ゆかりの城である名胡桃城、上田城（↓P28）、沼田城（↓P48）、岩櫃（いわびつ）城（↓P88）の4城すべての御城印を提示すると、「真田領四城攻城記念御城印」が無料配布される。

中部

山中城

~やまなかじょう~

写真：三島市教育委員会

でこぼこだらけの堀を訪ねて恐ろしさを体感

西ノ丸南側の障子堀は、堀の中に障壁を掘り残して敵の動きを防いだ

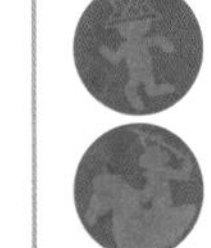

ゆかりの武将

一柳直末（ひとつやなぎなおすえ）

1546～1590（天文15～天正18）年

秀吉に仕えた後、秀吉の甥・秀次の家老に命じられる。小田原攻めでは、秀次軍として山中城を攻め、強い抵抗を見せる三ノ丸櫓門攻撃を担当し、猛攻を仕掛けるものの、銃弾に当たり戦死した。

DATA

住所 静岡県三島市山中新田 アクセス JR三島駅からバス30分、山中城跡下車すぐ 時間・料金 見学自由

【御城印配布場所】

●山中城跡公園売店

山中城内／10～16時（冬期は10時30分～15時30分）／月休（ほか臨時休あり）／1枚300円

御城印はこちら

上は北条家の三つ鱗（みつうろこ）紋。下は城を守った武将・松田家の組み直違（すじかい）紋

写真：甲冑武者サークルSacT / 山中城戦国武将隊 禄寿應穏

堀の中の敵を狙い撃ち

西ノ丸には、田んぼの畝のように堀に直交する形で障壁を掘り残した障子堀が数多く見られる。堀の中に侵入した敵が、畝の上を直線的に移動するところを、城から射撃できるように造られている

写真：三島市教育委員会

大決戦に備えて造った富士山がよく見える広場

城内の南西に広がる岱崎出丸は、豊臣秀吉との戦いに備えて、急いで造られたものの、未完成のうちに戦いが始まり、半日で落城した。ゆっくり富士山を眺めている余裕はなかっただろう

二重に並ぶとさらに強固に

西ノ丸北側の複数列障子堀。急傾斜の切岸と組み合わせることで防御力を高めている

本拠地である小田原城の防衛を担う城として北条氏康が築城した。箱根外輪山の西側を要塞化している。氏政の代に、全国統一を目指す豊臣秀吉を迎え撃つため、堀や岱崎出丸などを整備・増築。石を使わない土だけの山城で、400年前の遺構がそのまま復元されている。

橋や土橋の配置など、箱根山の自然の地形を巧みにとり入れた山城の造りが見られる。特に堀の形が特徴的で、障子や畝のある田畑のように見える。史実では、6万7000人もの大軍で攻めて来た豊臣軍に対し、北条側は4000人で守り、わずか半日のうちに攻め落とされてしまった。

高遠城
～たかとおじょう～

写真：伊那市

砲術家の高遠藩士、阪本天山（さかもとてんざん）にちなみ結成された信州高遠藩鉄砲隊

ゆかりの武将

仁科盛信（にしなもりのぶ）

1557～1582（弘治3～天正10）年

武田信玄の五男。信玄の死後、兄の武田勝頼を助け、高遠城主となる。織田・徳川連合軍が勝頼を攻めた際には高遠城を守り、城兵とともに壮烈な討ち死にを遂げた。長野県の県歌「信濃の国」の歌詞でも歌われる。

DATA

住所 長野県伊那市高遠町東高遠 **アクセス** JR伊那市駅からバス25分、高遠下車、徒歩15分 **時間・料金** 見学自由（※桜の開花時期は入城500円）

【御城印配布場所】

●高遠町歴史博物館
長野県伊那市高遠町東高遠457／JR伊那市駅からバス25分、高遠下車、徒歩20分／9～17時／月休（祝日の場合は翌日、ほか臨時休館あり）／1枚300円

●環屋（旧中村屋住宅）
長野県伊那市高遠町西高遠町184／伊那市駅からバス20分、鉾持桟道下車すぐ／10～17時／月休（ほか臨時休業あり）／1枚300円

写真：環屋

（上）環屋で通年販売されている
（左）高遠城址公園もみじ祭りの期間中のみ販売

写真：伊那市教育委員会

**売られてしまった!?
高校の正門になった城門**

明治時代に高遠城が壊されると、城内の建造物は売却され、民家や寺院の門となった。高遠城の大手門（正門）と伝えられる門は、1954（昭和29）年、城内にあった高遠高校の正門として三ノ丸に移されたもの

**イベントにも注目！
日本屈指の
桜の名所**

高遠藩の旧藩士たちが「桜の馬場（ばば）」から桜を移植したことに始まり、桜の名所となった。桜の開花時期には数々のイベントが開催され、夜には桜雲橋の周辺で幽玄なプロジェクションマッピングが行われる

写真：伊那市

武田信玄によって、多くの空堀で城内を区切るようにした。明治時代に一部が埋め立てられたが、今も良好な状態で残っている。

高遠城は、四男・勝頼や五男の仁科盛信など、信玄の子たちが城主を歴任したことからも武田家の中で重視されたことがわかる。信玄死後、織田信長との戦いに敗れ、江戸時代には保科家、鳥居家、内藤家が城主についた。

御城印には桜と紅葉が描かれる。春には約1500本のタカトオコヒガンザクラが咲き、秋には見事な紅葉に彩られる。御城印が配布される高遠町歴史博物館や、高遠なつかし館※に寄れば、高遠の歴史をもっと深く学べる。

※高遠なつかし館：長野県伊那市高遠町東高遠207／9～17時／水休（祝日の場合は翌日、ほか不定休あり）

関東

岩櫃城
~いわびつじょう~

二の丸と本丸の間に鋭い堀切が設けられている

御城印の中央に描かれた岩櫃山の、荒々しい地形を生かした天然の要塞(ようさい)。麓から見上げると、まさに断崖絶壁だ。真田家ゆかりの城、上田城と沼田城を結ぶ真田(さなだ)道(みち)の中間拠点として重要な役割をもち、真田幸村(ゆきむら)が幼少時代にここで過ごしたとされる。

平沢登山口から木々が茂る山道を歩いて本丸跡まで約15分、本丸跡や二の丸跡では、幸村の気持ちになって眺望や堀切(ほりきり)の散策を楽しみたい。山頂を目指す場合は、本格的な登山の装備をお忘れなく。

和紙の台紙に4つの家紋と岩櫃山が描かれている

写真:東吾妻町観光協会

DATA

住所 群馬県東吾妻町原町
アクセス JR群馬原町駅から平沢登山口まで車7分
時間・料金 見学自由(※12～3月は登山自粛)

【御城印配布場所】

●東吾妻町観光協会
群馬県吾妻町原町626-2/JR群馬原町駅舎内/9～17時/無休/500円(3枚セット)

●岩櫃山平沢登山口観光案内所
群馬県吾妻町原町1965-2/JR群馬原町駅から車7分/9～16時/12～3月休/500円(3枚セット)

城は小高い山の上。東叶神社脇から登る

浦賀城

~うらがじょう~

北条水軍になりきって
城跡から海を見わたす!

北条家の水軍基地として、本拠地の三崎城(現在の三崎港付近)の支城として利用されたと考えられる。御城印には北条家の家紋「三鱗」と三浦家の家紋「三引両」、戦国時代の大型軍船であった安宅船がデザインされている。絵柄がセットになる三崎城の御城印もぜひ手に入れたい。

東叶神社境内の明神山に城跡があり、わずかな痕跡が残るのみだが、浦賀水道から房総半島まで一望できるので、水軍の見張りになったつもりで海を見渡してみよう。

三崎城の御城印と並べると安宅船(あたけぶね)が現れる

写真:歴×トキ
山城ガールむつみ

DATA

住所 神奈川県横須賀市東浦賀 アクセス 京急浦賀駅から徒歩15分 時間・料金 見学自由

【御城印配布場所】
●Cool Clan URAGA
神奈川県横須賀市浦賀1-8-3/京急浦賀駅から徒歩2分/11～19時(土・日曜、祝日は～21時)/水休/300円(三崎城とセット販売)

中部

苗木城 ～なえぎじょう～

鬼武蔵が攻め落とした
ワイルドな山上の要塞

奇岩群を抱きかかえるようにそびえる

ゆかりの武将

森(もり) 長可(ながよし)

1558～1584（永禄(えいろく)元～天正(てんしょう)12）年

織田信長の家臣。森蘭丸の兄。勇猛果敢で「鬼武蔵(おにむさし)」と呼ばれた。信長死後に苗木城を攻め、一度は失敗するものの攻略する。その後、徳川家康と豊臣秀吉が争った小牧(こまき)・長久手(ながくて)の戦いで戦死した。

DATA

住所 岐阜県中津川市苗木
アクセス JR中津川駅からバス12分、苗木下車、徒歩40分で本丸
時間・料金 見学自由

【御城印配布場所】
●苗木遠山史料館
岐阜県中津川市苗木2897−2／JR中津川駅からバス12分、苗木下車、徒歩20分／9時30分～17時（入館は～16時30分）／月休（祝日の場合は翌日）／1枚300円

遠山家が戦で功をあげ、足利家から賜ったという「丸の内に二つ引き」を中央に配する

写真：苗木遠山史料館

古代遺跡のような石積みが存在感抜群の大矢倉！

大矢倉（おおやぐら）は敵の侵入を防ぐための防衛の最前線として築かれた。17世紀なかばに造られ、苗木城最大の櫓建築で3階建てであったとされる。岩をよく見ると、大きな岩の周囲に小さな石を積み上げているのがわかる

ずらりと石が並ぶのはかつての武器倉庫

城主・遠山家の鉄砲や弓矢などの武器が納められていた武器蔵。建物の土台は一部破損しているが、残る礎石が往時を物語る。頭上を見上げると、荒々しい巨石を利用した天守台がそびえている

麓を流れる木曽川から山頂の天守跡までの標高差は約170mもある。岩山の上にあるため、土地の確保が難しく、岩に穴を空けて柱を立てる（懸造）など、自然の地形を活かして築かれた。御城印には「丸の内に二つ引き」を中心に、苗木城主・遠山家の家紋が3種類描かれている。1526（大永6）年に築いたとされ、織田家と武田家が争った際には織田方の最前線にもなった。信長亡き後、遠山家は徳川家康に仕えるが、秀吉方についた森長可に攻められて落城。一時は城を追われるが、江戸時代に奪い返し、12代にわたって城主を務めた。城門の1つが苗木遠山史料館に保存展示されている。

東海

岩村城
～いわむらじょう～

六段の石垣がそびえる
おんな城主が守った城

本丸の北東面に雛壇状に築かれた六段の見事な石垣

ゆかりの武将

おつやの方

生年不明～1575（天正3）年

織田信長の叔母。岩村城主・遠山景任へ嫁ぎ、景任が病死すると、幼い嫡男・御坊丸に代わり城主となる。武田信玄軍の秋山虎繁に攻められると、城を守るために虎繁と結婚するが、後に信長が城を奪回すると殺害されたと伝わる。

DATA

住所 岐阜県恵那市岩村町城山　**アクセス** 明知鉄道岩村駅から車10分
時間・料金 見学自由

【御城印配布場所】

●えなてらす、いわむら。
岐阜県恵那市岩村町263-2／明知鉄道岩村駅から徒歩10分／9～16時／無休／1枚300円

●岩村山荘
岐阜県恵那市岩村町富田569-1／明知鉄道岩村駅から徒歩20分／1枚300円

御城印はこちら

中央には遠山家の家紋「丸に二つ引」

写真：恵那市観光協会岩村支部

取り外し可能な橋で敵を待ち受ける！

登城路の入口は厳重に守りが固められている。空堀（からぼり）に架けられた木橋を渡ると、進路は直角に曲がるように造られているので、敵を狙い撃ちできる。橋の床板は畳（たたみ）のようにめくることができたため、畳橋とよばれた

複雑に入り組んだ城郭の最後に立ちはだかる関門

写真：恵那市観光協会岩村支部

石垣の上にすっぽりとかぶさるように櫓(やぐら)が載せられ、通路は石垣によって、直角に曲げられている。門の脇には二重櫓（にじゅうやぐら）が構えられ、鉄壁の防御で準備していた

写真：恵那市観光協会岩村支部

最初の門で迎え撃つ強烈な集中攻撃！

城の入り口にあたる一の門には、1階建ての多門櫓（たもんやぐら）が構えられ、石垣上は土塀（どべい）で固められていた。さらに門の前面には死角から敵が近づけないように石塁（せきるい）を設け、万全の備えで近づく敵を一斉射撃する

敵を圧倒する！天守代わりの三重櫓

追手門の脇には畳橋を見下ろすように三重の櫓が構えられていた。実質的な天守に相当する建物で、ここから畳橋を渡る敵を迎撃する

写真：恵那市観光協会岩村支部

時計代わりの太鼓櫓で藩主の生活を想像する

江戸時代の平和な時代になると、城主は山頂（本丸）に住む必要がなくなり、山麓（さんろく）に藩主邸を造営した。政治の中心としての機能をはたす一方、太鼓櫓を造って城下に時間を知らせた

写真：恵那市観光協会岩村支部

標高717mの高所に築かれた、「日本三大山城」の1つ。御城印に家紋が描かれている岩村遠山家に嫁いだ、織田信長の叔母、おつやの方が城主を務めた「女城主の城」としても知られる。

登城口では1990（平成2）年に復元された太鼓櫓と表御門を見学しよう。もともとは藩主邸があった場所で、1881（明治14）年に火事で全焼した。岩村城や岩村藩の史料が展示されている、岩村歴史資料館で登城前の予習をしたい。

本丸までは、約800mの石畳の登城坂が整備されているため、動きやすい格好であれば問題ない。一の門や追手門、畳橋で戦いに備えた工夫

を感じよう。とくに注目したいのは、本丸手前にそびえる雛壇状に、6段に積み上げられた石垣・六段壁だ。江戸時代後半、背面の高石垣の崩落を防ぐために造られたとされる。

17の井戸があるのも岩村城の特徴で、その中でも「霧ケ井」は城主専用だった。敵が攻めて来たときに、城内秘蔵の蛇骨を投じると、たちまちに霧に覆われて城を守ったといわれることから、岩村城は別名「霧ケ城」と呼ばれる。

岩村城を見学したあとは麓に下りて、約400年の歴史を誇る城下町へ。当時の面影を残す街並が広がっている。名物の五平餅をほおばりながら、食べ歩きも楽しみたい。

宇和島城
～うわじまじょう～

写真：宇和島市

白壁と装飾が優美な平和な時代の天守

天守としては小ぶりだが、装飾に工夫を施（ほどこ）した屋根が特徴的

ゆかりの武将

藤堂高虎（とうどうたかとら）

1556～1630（弘治2～寛永7）年

豊臣秀吉や徳川家康に仕えて戦功をあげ、1601（慶長6）年に宇和島城を築いた。「築城の名手」とよばれる。築城術にも才能を発揮し、大坂の陣でも活躍し、初代・津藩（三重県津市）主に抜擢された。

現存天守

DATA

住所 愛媛県宇和島市丸之内 **アクセス** JR宇和島駅から徒歩20分で天守
時間・料金 6～17時（3～10月は～18時30分）、天守9～16時（3～10月は～17時）／無休／200円（天守）

【御城印配布場所】
●宇和島城天守1階
宇和島城内／9～16時(3～10月は～17時）／無休／1枚300円

御城印はこちら

「竹に雀（すずめ）」の家紋は宇和島藩伊達家のもの

写真：宇和島市

江戸時代に築かれた約110m続く石垣

長門丸（ながとまる）には、高さ7～8mの石垣が伸びる。1664（寛文４）年から1671（寛文11）年にかけて、伊達家2代藩主・伊達宗利（だてむねとし）が宇和島城を大改修した際に築かれたと考えられている

敵が登りにくいように不規則に造られた石段

井戸丸に通じる石段。敵軍が攻めづらいように、段差や間隔が異なる設計になっている。井戸丸では、直径2.4m、深さ11mの井戸を守っていた

写真：宇和島市

実は海と直結する城だった

天守から宇和島市街と宇和島湾を見晴らす。かつては城下まで海水を引き込んだ水堀があり、船も行き来していた

リアス式海岸の宇和海に面した標高約80ｍの城山に、「築城の名手」藤堂高虎が築いた。その後、伊達政宗の長男・秀宗が城主になり、二代目藩主・宗利の代に天守を改修。千鳥破風や唐破風などに飾られた装飾性の高い天守となった。これが現在の天守で、玄関が設けられるなど、平和な時代の特徴を表している。ちなみに、御城印に描かれている家紋は、伊達宗家のものとは異なっている。

城山には、亜熱帯植物を中心に450種類以上の植物が生息しているので、城とともに生き続けてきた自然も満喫したい。宇和島の文化財を展示する宇和島市立伊達博物館も見学しよう。

近畿

高取城
～たかとりじょう～

見上げるような高石垣は高いところで約12mも

苔むす山の中で 石垣の迷路を探検！

写真：高取町観光協会

周囲約30㎞もあるという広大な山城。本丸周辺を中心に、たくさんの高石垣が迷路のように築かれている。二ノ丸には高取城よりも古い樹齢約700年の杉の巨木が立ち、二ノ門周辺には山城には珍しい水堀や、謎に包まれた猿石が残る。

かつて見張りに使われていた国見櫓からは、名前の通り、国（奈良）を見渡すことができる。遠くに六甲山まで望む絶景だ。御城印は2種類あり、夢創館では高取城主・植村家の家紋入り、壺阪寺では「高取・芙蓉城」と記されている。

夢創館で販売される御城印

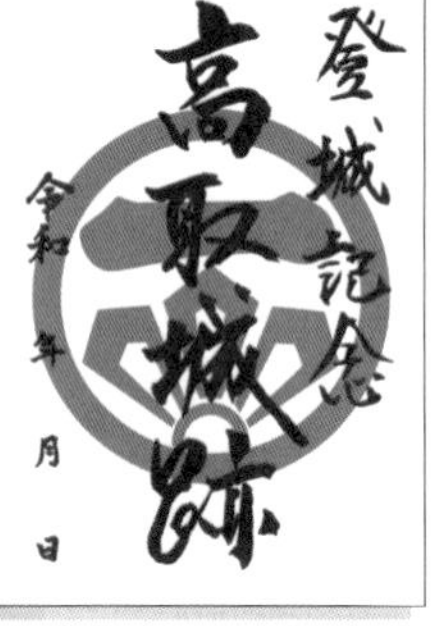

写真：高取町観光協会

DATA

住所 奈良県高取町高取
アクセス 近鉄壺阪山駅から車15分、八幡口から徒歩20分で本丸 **時間・料金** 見学自由

【御城印配布場所】

●高取町観光案内所「夢創館」
奈良県高取町上土佐20-2／近鉄壺阪山駅から徒歩15分／9時30分～16時30分／月休（祝日の場合は翌日）／1枚300円

●壷阪寺
奈良県高取町壷阪3／近鉄壺阪山駅からバス15分／8時30分～17時／無休／1枚300円

九州

岡城

～おかじょう～

独特なデザインが美しい変化に飛んだ石垣

城全域が絵になる究極の石垣美

源平の合戦で活躍した、源義経を迎えるために築かれたと伝わる山城。高石垣を多用した近世城郭に生まれ変わり、とくに三の丸の高石垣は岩盤からそそり立つように積み上げられ圧巻だ。城内に点在する半円型のカマボコ石もぜひ見つけてみよう。

切り立った断崖上にあるため眺望も抜群で、くじゅう連山や阿蘇山を見渡せる。『荒城の月』で知られる滝廉太郎は大分県の出身。少年時代に何度も岡城に登り、その思い出を元に作曲したといわれる。

豊臣政権後期から明治維新まで城主だった中川家の家紋

写真：竹田市教育委員会

DATA

住所 大分県竹田市竹田
アクセス JR豊後竹田駅から徒歩20分 時間・料金 9～17時／無休／300円

【御城印配布場所】

●岡城料金徴収所

岡城内／9～17時／無休／1枚300円

Column

その城の弱点を探してみよう

縄張図で倍増する城巡りの楽しみ

「縄張図(なわばりず)」は、一言でいうと城の間取図のこと。調査研究によってわかった城の全体像を掴むことができる便利なもの。

その見方はそれほど難しくない。天守、本丸、二の丸、三の丸……と、各曲輪(くるわ)の名称が入っていることも多いし、斜面や凸凹の表記ルールもシンプルだ。例えば幅が狭くなっているところは、それが視覚的に明確に表現されている。

縄張図の基本的な見方がわかったら、次は城内全体を見わたしてみよう。城によっては、特定の方角だけがやたらに複雑になっていて、逆方向はシンプルな造りと差があることも。複雑な方はより守りを意識している。なぜかというと、地形的にそちらからのほうが攻めやすいからとか、理にかなっていたりする。もう一方は断崖や川で守られていて、そもそも敵が近づけない地形だったり。地形的制約や築城者の意図が、縄張図から浮かび上がってくる。

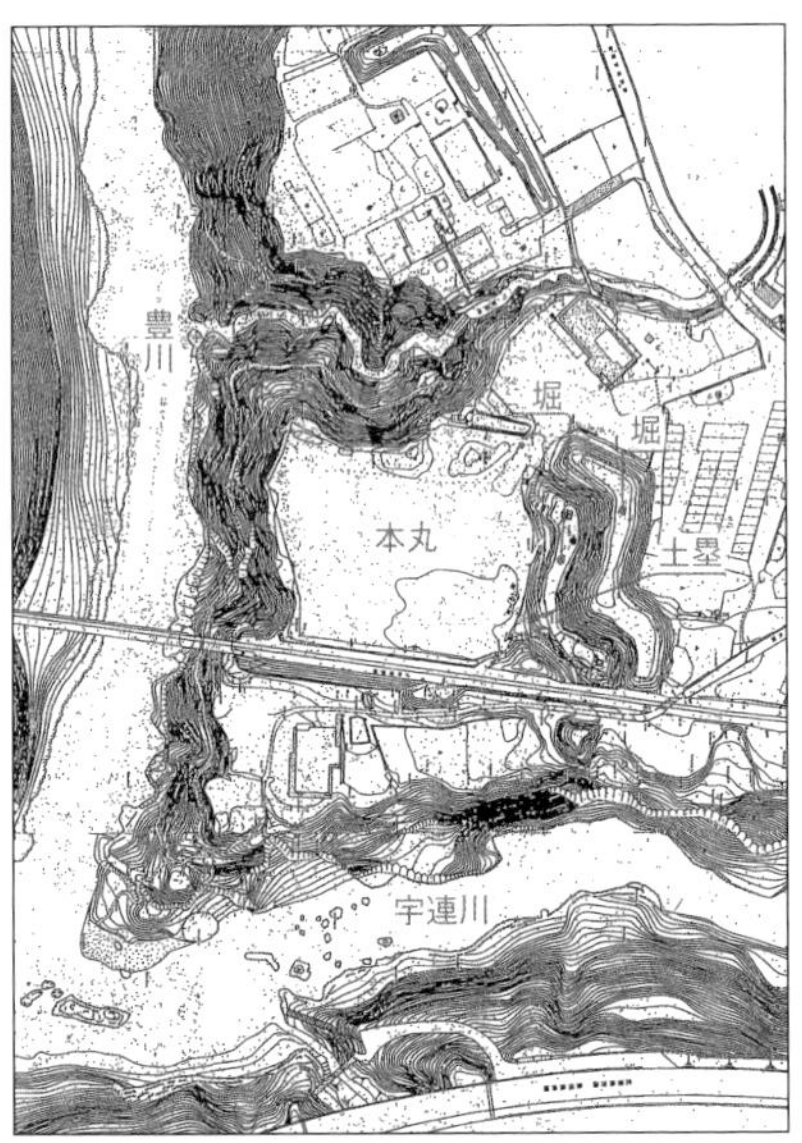

長篠城の縄張図。川べりは断崖なので逆方向に土塁や堀が見られる

図版提供:新城市教育委員会

城内へのルートが直線的ではなく折れ曲がっていることが多いのは、敵が一気に突入するのを防ぐため。さらによく見ると、曲がり角を上から攻撃できる曲輪があったり。その城の「絶対死守ライン」が見えてくる。

さらに一歩進んだ縄張図の見方として、「自分ならどうするか」想像してみるのをおすすめしたい。「もし、ここに空堀が……」「ここに城壁を設ければ……」と弱点をフォローできるようになれば、より深い城の楽しみを得る手がかりにもなる。

縄張図は、城歩きの際に位置を確認する地図として使うだけではもったいない。ただの「間取図」として見るだけではなく、想像をふくらませるツールとしても使えるのだ。

第5章

思わず誰かに話したくなる! 穴場はここ

ツウ好みの城

〈アイコンの見方〉 体験メニューあり イベントあり 眺望よし 天守あり

写真：太田市教育委員会

関東

金山城
〜かなやまじょう〜

1年中水を湛える 聖なる池が山頂に!?

「日ノ池」は祭りを行う聖地だったという説がある

ゆかりの武将

由良成繁（ゆらなりしげ）

1506〜1578（永正3〜天正6）年

金山城を居城としていた岩松家に仕えたが、下剋上を起こし、主君・岩松昌純を倒して実権を握る。家老という立場から「戦国大名」に成り上がった野心家だ。また、この地で上杉謙信の攻撃を退けたという。

DATA

住所 群馬県太田市金山町40-106 **アクセス** 東武鉄道太田駅から車12分、モータープール駐車場から徒歩15分 **時間・料金** 見学自由

【御城印配布場所】
●史跡金山城跡ガイダンス施設
群馬県太田市金山町40-30／東武鉄道太田駅から車10分／9時〜16時30分／月休（祝日の場合は翌日）／1枚300円

印影は地元の篆刻家（てんこくか）による作品

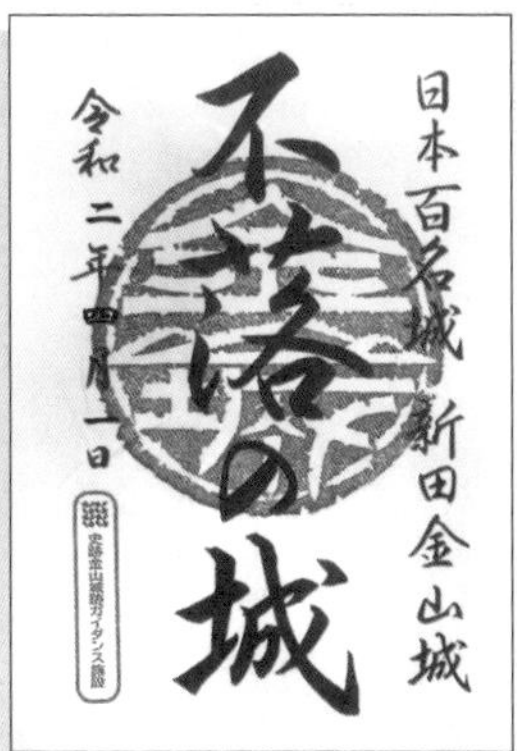

写真：太田市教育委員会

写真：太田市教育委員会

敵兵の動きを制限する守りやすく攻め難い虎口

物見台下の虎口（こぐち）は石垣で厳重。そこに至る通路の土橋（どばし）は道幅を狭くし通りづらくなっている。この奥から敵兵の監視と攻撃ができるようになっており、簡単には突破できない造りだ

二重三重の備えで敵の侵入を食い止める

写真：太田市教育委員会

大手虎口（おおてこぐち）の上からの眺め。細い通路では人数は限られ、頭上両側からの攻撃にさらされる。その先の折れ部分でも勢いを止められ城内から攻撃されてしまう

JR太田駅の北にそびえる金山に築かれた山城。その範囲は山の大部分におよび、堀切や土塁、石垣などが残る。従来、関東の戦国期山城に本格的な石垣はなかったとされたが、この城の発掘調査で、その定説が覆（くつがえ）されたという。石を多用した山城であったことが明らかになり、復元事業が行われた。石垣は鉛板を挟むことで、オリジナルの石垣と新たに積んだ部分とがわかるようになっている。じっくり時間をかけて見学したい。

麓には世界的に有名な建築家・隈研吾（くまけんご）が設計を手がけた「史跡金山城跡ガイダンス施設」があり、城の歴史のワンシーンを再現したジオラマなどが展示されている。

関東

大多喜城

～おおたきじょう～

写真：大多喜町

上総一の名城に 主は天下無双の勇将！

江戸時代の一般的な天守を参考にして1975(昭和50)年に推定復元された天守

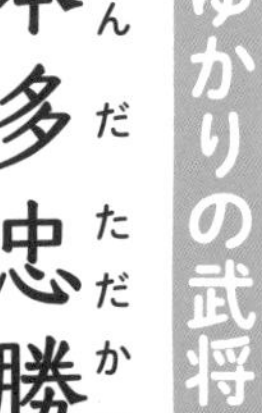

ゆかりの武将

本多忠勝（ほんだただかつ）

1548～1610（天文17～慶長15）年

徳川四天王に数えられる家康の忠臣で、戦国最強ともいわれる武将。戦場では大きな数珠を身につけたという。大多喜城の城主になると、里見家への備えとして城の改修と城下町の整備に着手し、近世城郭へと発展させた。

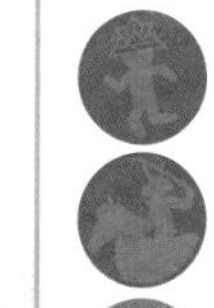

DATA

住所 千葉県大多喜町大多喜481 **アクセス** いすみ鉄道大多喜駅から徒歩15分

時間・料金 9～16時30分／200円（天守）

【御城印配布場所】

●大多喜町観光本陣
千葉県大多喜町大多喜270-1／いすみ鉄道大多喜駅から徒歩すぐ／9～17時／無休／1枚300円

●県立中央博物館大多喜城分館売店
大多喜城内／11時30分～15時（土・日曜、祝日は～16時）／月休／1枚300円

御城印はこちら

神仏を一字で表す梵字（ぼんじ）を配した珍しいデザイン

写真：大多喜町観光協会

雄姿を描いた武将像

大多喜城分館に所蔵されている本多忠勝の武者姿を描いた肖像画。鹿角（しかつの）の兜をかぶり、采配を手にしている

写真：大多喜城分館

写真：大多喜城分館

泰平の世・江戸時代にそぐわぬ甲冑？

江戸時代末期に作られた甲冑（かっちゅう）、紺糸威鎧（こんいとおどしよろい）。幕末の水戸で作られたとされる。鎌倉時代の鎧の形式を真似ている

徳川家ゆかりの刀

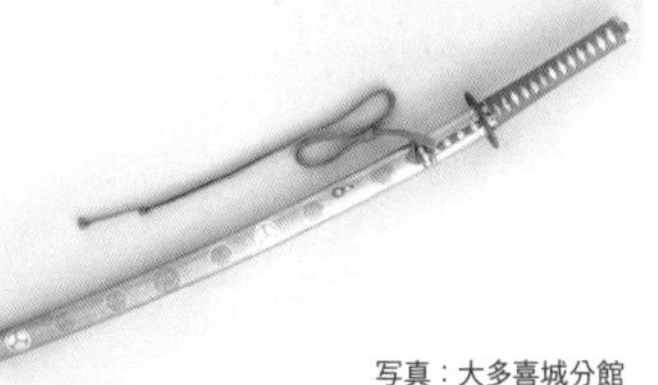

写真：大多喜城分館

金梨子地葵紋散打刀拵（きんなしじあおいもんちらしうちがたなこしらえ）と呼ばれる刀剣の鞘も所蔵する。金銀の粉末が塗られ、三つ葉葵紋が散らされた優雅な造り

いつ頃の築城か定かではないが、江戸時代末期まで大多喜藩の拠点として重要な役割を果たした。本多忠勝以降、本多家は三代に渡り藩主を務めている。1609（慶長14）年、大多喜に漂着したスペイン人のドン・ロドリゴは、その堅城ぶりや美しさを見聞録に記している。

本丸跡には天守を模した城郭様式の建物が建設され、県立の歴史博物館となっている。房総の武器、武具や城郭に関する資料を常設展示するほか、城の歴史に限らないテーマの展示も行う。

また、二の丸跡に建つ大多喜高校には、本多忠勝が掘らせたという大井戸や、薬医門が移築保存されている。

高天神城
〜たかてんじんじょう〜

信玄・勝頼親子と家康が争った激戦地

武田軍の横田甚五郎（よこたじんごろう）が勝頼に落城を伝えるために脱出した抜け道

ゆかりの武将

武田勝頼（たけだかつより）

1546〜1582（天文15〜天正10）年

武田信玄の四男。長篠（ながしの）の戦いで織田・徳川連合軍の鉄砲隊に大敗し、武田滅亡のきっかけとなった。一方で、信玄が攻略できなかった高天神城を落とし、改修して強化するなどの実績を挙げた点にも注目したい。

DATA

住所 静岡県掛川市上土方嶺向 アクセス JR掛川駅からバス23分、土方下車、徒歩15分 時間・料金 見学自由

【御城印配布場所】

●掛川観光協会ビジターセンター
静岡県掛川市南1-1-1／JR掛川駅南口構内／9〜17時／無休／1枚300円

●掛川南部観光案内処
静岡県掛川市西大渕4334／JR愛野駅から車で20分／9〜16時／水・木休／1枚300円

御城印はこちら

武田菱、葵紋と三階菱が配されている

写真：掛川観光協会

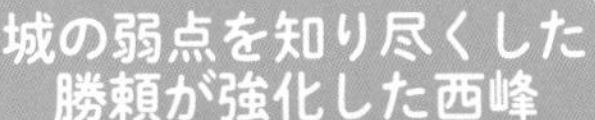

勝頼が改修した西峰には長大な横堀や土塁が残る。東西2つの峰からなる高天神城は、西峰の方が戦闘を意識して造られている

細い尾根にも周到な備え

西の丸と馬場平（ばばだいら）との間は、尾根伝いに攻め寄せる敵兵を防ぐため、人工的に尾根を削った堀切が設けられている

7年閉じ込められても家康愛は変わらなかった

家康の家臣・大河内政局が7年間も敵の武田家占領時に幽閉されていた石窟が残る。救出時には歩行が困難になっていたが、温泉療養を経て、家康の下で再び仕えた

「高天神を制するものは遠江を制する」と称された要衝で、武田家と徳川家が城をめぐり激突を重ねた。急斜面を利用した高天神城の堅牢さは、2万5000の兵で包囲した信玄に攻略は難しいと退却させたほど。しかし信玄の死後、息子の勝頼が城を落とし、徳川方の城主・小笠原長忠は降伏。大河内政局は降伏を拒否したため幽閉された。その後6年かけて着々と周辺を固めて補給を断った家康の兵糧攻めにより、孤立無援だった城は陥落した。

御城印には、高天神城に関わる武田家、徳川家、小笠原家の家紋が描かれる。戦いに思いを馳せながら、山あり谷ありの城跡を歩き尽くそう。

関東

唐沢山城

～からさわやまじょう～

写真：佐野市教育委員会

軍神・上杉謙信の攻撃も跳ね返した関東屈指の名城

ゆかりの武将

佐野昌綱（さのまさつな）

1529～1574（享禄2～天正2）年

文武を兼ね備えた有能な武将だった。上杉謙信の10度にもわたる猛攻を撃退した戦いは有名だ。さらに武田信玄、北条氏政も攻め込んで来る中、繰り返される激しい攻防戦を耐えしのぎ、領地を守り抜いた。

DATA

住所 栃木県佐野市富士町
アクセス 東武佐野線田沼駅から車5分 時間・料金 見学自由

【御城印配布場所】
●唐澤山神社
栃木県佐野市富士町1409／東武佐野線田沼駅から車6分／9～17時／無休／1枚300円

御城印はこちら

城跡内にある、唐澤山神社のお守りにもつかわれる揚羽紋

写真：唐澤山神社

天狗の鼻先から城下を一望

城下の見張り場所として軍事的に重要な役割を果たしていた天狗岩は、今では絶好のビューポイント。山頂のレストハウスのすぐそばにある

城マニアもうなる名物の本丸高石垣

高石垣を積む技術はもともと関東では、非常に珍しい。城主の佐野が、関西の石工の協力を得て築いたものと考えられている

こんこんと湧き出る城の水源

大炊の井は口径9m、深さ8m以上という大井戸で、戦時の飲用水としても利用された重要な水の手だった。その水は涸れたことがないといわれ、今でも豊かに水を蓄えている

城跡では、実写版映画『るろうに剣心』のロケ地ともなった本丸周辺の高石垣は見逃せない。高石垣周辺は、ドラマ『ガリレオ』のロケにも使われた。

城下の景色を楽しむなら天狗岩へ。南側に突き出た岩が天狗の鼻のように見えることから、その名がついたこの場所には、かつて城の周囲を監視する物見櫓があったといわれ、広大な関東平野が一望できる。そのほか、岩や崖などの自然地形を巧みに活かした部分も、この城ならではの大きな魅力だ。

本丸跡に建つ唐澤山神社のほか、城内に手打ちそばが名物のレストハウス、季節料理を堪能できる唐澤山荘もある。

関東

箕輪城 ～みのわじょう～

写真：高崎市教育委員会

郭馬出西虎口門は城中心部にあった最大の城門で、2016（平成28）年に復元

ゆかりの武将

長野業正（ながのなりまさ）

1491？～1561（延徳3？～永禄4）年

武田信玄も一目置いていた、関東屈指の武将。病に倒れたあとも、後継ぎの三男を呼び寄せ「敵の首を1つでも多く墓前に供えよ。敵に降伏してはならない」と遺言するほど、勇ましく、厳しい性格の人物だったといわれる。

DATA

住所 群馬県高崎市箕郷町東明屋 アクセス JR高崎線高崎駅からバス35分、箕郷本町下車、徒歩20分 時間・料金 見学自由

【御城印配布場所】

●箕輪城ふれあい市

箕輪城跡駐車場／10～14時／月～土休／1枚300円

長野家の桧扇紋（ひおうぎもん）（左）と、最後の箕輪城主・井伊直政の橘紋（たちばなもん）（右）のタイプがある

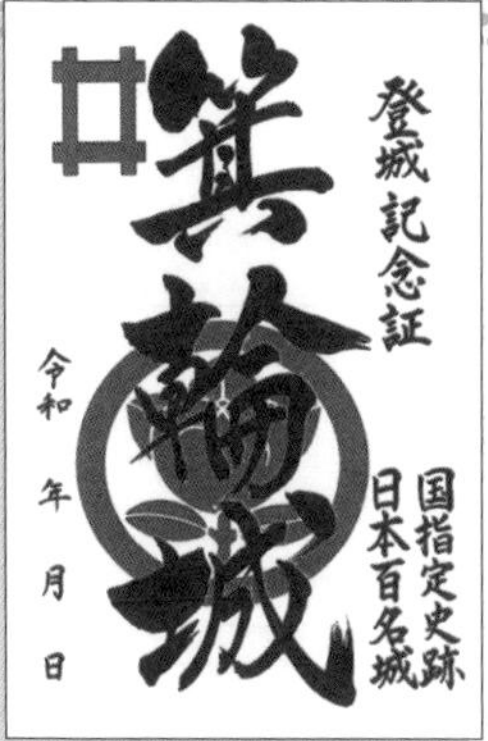

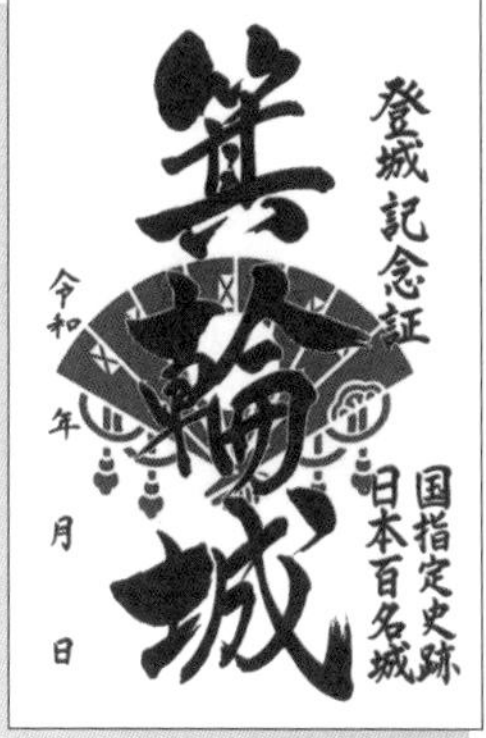

写真：箕輪城ふれあい市

写真：高崎市教育委員会

ずらりと石が並ぶのはかつての武器倉庫

箕輪城は自然地形や土を盛った土塁（どるい）などを多用した「土の城」なのだが、三の丸にはごくわずかだが石垣が現存している。井伊家の支配する時代に築かれたものと考えられている

写真：高崎市教育委員会

土橋を駆け抜けて大堀切を突破すべし

二の丸と馬出（うまだし）の間は深さ10m以上もある大堀切で隔てられていた。土橋は2つの曲輪（くるわ）をつなぐ移動手段だったが、戦の際は敵兵の侵入を防ぐため破壊されることもあったのだ

毎年10月の最終日曜は、戦国時代の合戦風景をリアルに再現した箕輪城まつりが開催される。甲冑（かっちゅう）に身を包んだ武者行列が高崎市内を練り歩いてから箕輪城に向かい、本丸跡で長野軍と武田軍に分かれて攻防戦を繰り広げる。手に汗握る合戦は模擬（もぎ）大砲も炸裂（さくれつ）し、まるで500年前にタイムスリップしたかのような迫力だ。三ノ丸跡には最大4mの高さを誇る石垣も残っていて、見ごたえは十分。城域は広範囲にわたるので、ハイキングを兼ね、時間をかけて散策しよう。

御城印は箕輪城ふれあい市で入手できる。市は城跡の駐車場で行われ、箕輪城グッズも販売する。

岩殿城
～いわどのじょう～

ほぼ垂直な岩肌を巧みに利用し山頂の城への侵入を防いだ

写真：大月市観光協会

標高634mの岩殿山は、垂直に切り立った岩肌の迫力がすさまじい。約150mの絶壁になっていて、忍者でもよじ登るのは不可能だろう。城跡のある山頂までの道は整備されているが、つづら折りの急坂が続き、体力と精神力が試される。山頂では、天気がよければ富士山の絶景が待っている。城跡から離れた登山コースに組み込まれている兜岩（かぶといわ）〜稚児落（ちごお）としの区間は、設置してある鎖を伝って岩場を進む。足場が極めて細い場所もあり、スリル満点だ。

写真：大月市観光協会

挿絵の岩殿山は赤・紫・緑の3色展開

DATA

住所 山梨県大月市賑岡町岩殿 **アクセス** JR大月駅から丸山公園登山口まで徒歩15分※ **時間・料金** 見学自由

【御城印配布場所】

●大月駅前観光案内所
山梨県大月市大月1-1-33／JR大月駅から徒歩すぐ／9～17時／無休／1枚300円

※落石の影響により、畑倉登山口からのみ山頂へ向かうことができる（令和2年7月現在）

写真中央部に本城郭と小郭間に築かれた障子堀が見える

関東

河村城

～かわむらじょう～

これぞ北条家の城！ 障子堀は見逃せない

写真：山北町教育委員会

最大の見どころは、堀の中に壁状の障害物を設けて敵の移動を制限する障子堀(しょうじぼり)だ。城跡のちょうど中心部にあり、発掘調査により構造が鮮明に見て取れる。築城は平安時代末期と古く、後世に北条家が改修して城内の構造は充実した。現在は、自然と歴史を満喫(まんきつ)できる歴史公園として整備されている。展望あずまや、復元された木橋と、見どころは城内のあちこちに。東側の大庭郭(おおばくるわ)から眺める相模湾(さがみわん)と足柄平野(あしがらへいや)の眺望も開放的。登城口から本城郭(ほんじろくるわ)までは徒歩で約20分だ。

御城印はこちら

写真：河村城址保存会

直違い（すじちがい）は河村家の家紋

DATA

住所 神奈川県山北町山北

アクセス JR山北駅から登城口まで徒歩10分

時間・料金 見学自由

【御城印配布場所】

●山北町観光協会

神奈川県山北町山北1840-15／JR山北駅から徒歩すぐ／9～17時／無休／1枚300円

●ともしびショップさくら

神奈川県山北町山北1971-2／JR山北駅から徒歩2分／11～18時／木休／1枚300円

中部

横須賀城

～よこすかじょう～

城内には船着き場も！
海上共通の見張り場

一般的な石垣の角張った印象とはほど遠い玉石積みの石垣

戦国時代は城の南、東、西側が海や沼に面していた。城内には船着き場も備わっており、海上交通の重要拠点としての役目もあった。近くの掛川城とは船で行き来できたと考えられている。実は、横須賀城ならではの個性的な構造がほかにもある。通常なら城には一カ所だけの大手門が、この城には東西にひとつずつある。その特徴から「両頭の城」と呼ばれていた。天竜川の河原石を使って築かれた石垣も必見。玉石（たまいし）を積みあげた、全国でも珍しい石垣だ。

初代城主となった大須賀家の七曜紋と葵紋のデザイン

写真：掛川観光協会

DATA

住所 静岡県掛川市西大渕
アクセス JR袋井駅からバス22分、七軒町下車、徒歩5分 **時間・料金** 見学自由

【御城印配布場所】

●掛川観光協会 ビジターセンター
静岡県掛川市南1-1-1／JR掛川駅南口構内／9～17時／無休／1枚300円

●掛川南部観光案内処
静岡県掛川市西大渕4334／JR袋井駅からバス22分、西田町下車すぐ／9～16時／水・木休／1枚300円

二の曲輪中馬出とその前方に掘られた三日月堀は防御の要だった

徳川家が大改修していた⁉ 巨大馬出を攻略せよ

写真：島田市

中部

諏訪原城 ～すわはらじょう～

続日本百名城
諏訪原城
令和　年　月　日
登城記念

写真：島田市

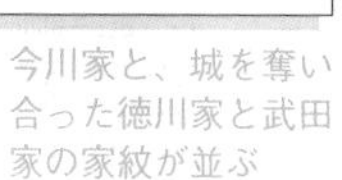

今川家と、城を奪い合った徳川家と武田家の家紋が並ぶ

現在の遺構のほとんどは、徳川家による改修後の姿とされる。しかし武田勝頼が築いた砦が元のため、随所に武田流の築城術が見られる。防衛線となる丸馬出が城内に7カ所もあることが特徴的で、中でも二の曲輪の中馬出は約1000㎡と国内最大級の広さを誇る。ちなみに城内に諏訪大明神が祀られたことから城名が付いたとも。隣接する諏訪原城ビジターセンターでは出土した歴史資料展示のほか、丸馬出をデザインしたクリアファイルや缶バッヂも販売。

DATA

住所 静岡県島田市菊川1174 **アクセス** JR金谷駅からバス15分、諏訪原城跡下車すぐ **時間・料金** 見学自由

【御城印配布場所】

●諏訪原城ビジターセンター

諏訪原城内／10～16時／月休（祝日の場合は翌日）／1枚300円

●島田市博物館

静岡県島田市河原1-5-50／JR島田駅からバス5分、向島西川越街道入口下車、徒歩10分／9～17時／月休（祝日の場合は翌日）／1枚300円

北陸

一乗谷城

～いちじょうだにじょう～

携帯のCMにも登場！ 北陸の「小京都」

唐門は朝倉家時代の建造物ではないが、その先には壮大な居館跡が姿を現す

ゆかりの武将

朝倉義景（あさくらよしかげ）

1533～1573（天文2～天正元）年

16歳で越前（現在の福井県東部）の名門・朝倉家の五代当主となる。華道や茶道など、芸事に精通した文化人で、京に匹敵する華やかな城下町を造り上げた。軍事面では浅井家ほかと連合し織田信長を追い詰めたこともあった。

DATA

住所 福井県福井市城戸ノ内町28-37 **アクセス** JR福井駅から徒歩20分 **時間・料金** 9～16時30分／220円（復原町並）

【御城印配布場所】

●復原町並

一乗谷城内／9～16時30分／無休／1枚300円

御城印はこちら

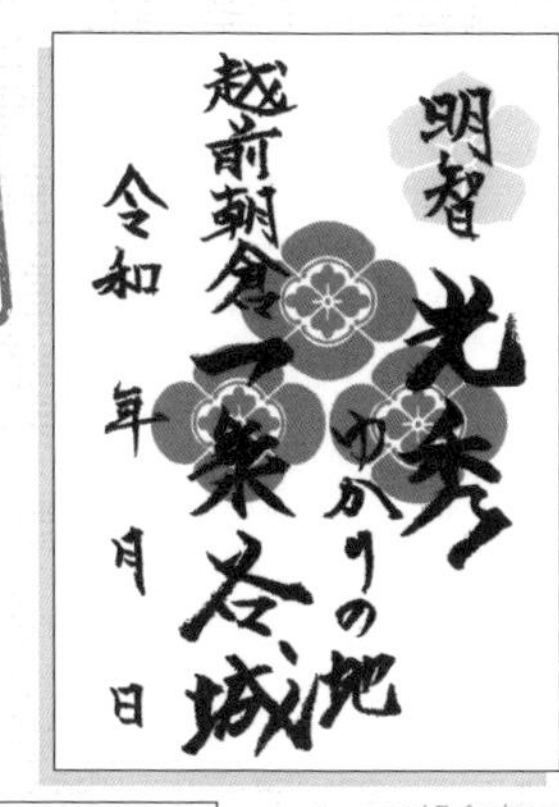

一乗谷朝倉氏遺跡のシンボル「唐門」と家紋の三ツ森木瓜（ぼけ）

かつて朝倉家に仕えていた、明智光秀の家紋を右上に配した

写真：朝倉氏遺跡保存協会

城下の暮らしがよみがえる

当時の武家屋敷や庶民の町屋は道路を境として計画的に造成されていた。復原町並の見学では遺跡ガイドによる詳しい解説も聞くことができる

復原町並を歩けば、庶民がどんな生活をしていたのかが手に取るようにわかる

戦国の城下町に迷い込もう

発掘した遺跡をもとに復原された復原町並では当時の人々の暮らしぶりも再現されている

ソフトバンクのCMロケ地となったことでも知られる一乗谷朝倉氏遺跡。武家屋敷や町屋といった当時の町並がほぼ完全な姿で再現されている。重さ45t以上の巨石で造られた下城戸（しもきど）を過ぎれば、「小京都」と呼ばれた約450年前の城下町にタイムスリップしたかのよう。遺跡のシンボルである唐門（からもん）をくぐれば、朝倉義景館跡。跡地は多くの建物跡や花壇が残り、圧倒的なスケールだ。

JR一乗谷駅近隣にある一乗谷朝倉氏遺跡資料館では、遺跡からの貴重な出土品や遺跡の復原模型などが展示されている。遺跡に向かう前に立ち寄り、事前に遺跡情報を仕入れておこう。

丸岡城 ～まるおかじょう～

写真：mtaira-Fotolia

古式天守から見下ろす
満開の桜と城下町

高石垣を従えた北陸唯一の現存天守

ゆかりの武将

結城秀康（ゆうきひでやす）

1574～1607（天正2～慶長12）年

徳川家康の次男で、兄の死によって天下人を継げる立場だったにもかかわらず、豊臣秀吉の養子となったことで後継者争いから脱落。家康からは冷遇され、幼少期には会ってももらえなかったといわれる不遇の武将だ。

現存天守

DATA

住所 福井県坂井市丸岡町霞町1-59 **アクセス** JR福井駅からバス50分、丸岡城下車すぐ **時間・料金** 8時30分～17時／無休／450円（天守※）

【御城印配布場所】

●丸岡城天守券売所

丸岡城内／8時30分～17時／無休／1枚300円

※一筆啓上 日本一短い手紙の館と共通券

御城印はこちら

写真：丸岡城管理事務所

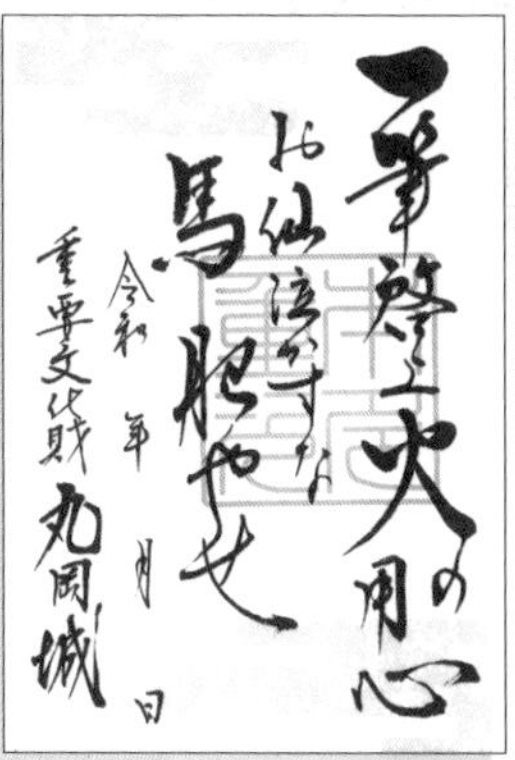

（右）丸岡城を囲む五角形の内堀と歴代城主の家紋（左）丸岡城の別名「霞ヶ城」にちなんで霞を配している

写真：丸岡城管理事務所

敵を迎え撃つ石落とし！

高石垣（たかいしがき）のすぐ上の壁についている格子状の出窓のような部分が石落とし。せり出た床を外して石を落とし、下にいる敵を攻撃する仕組みだ

1948（昭和23）年の福井震災で落下したシャチホコは現在、天守登り口の階段脇に保管されている

写真：丸岡城管理事務所

天守を守護する２匹の鯱

天守の上に鎮座するシャチホコは、木造で表面に銅板を貼った造りだ。屋根に使われているのは石瓦で、1枚の重さは20～60kg。屋根全体で約120tにもなる

野面積という様式で築かれた石垣の上に建つ現存天守にはぜひ登っておきたい。本丸から約18ｍの高さを誇る天守からは、丸岡の町並みが見渡せる。天守には、敵に向けて石を投げ落とす石落としや、矢・鉄砲を撃つための狭間といった防御設備を見ることができる。

歴史民俗資料館では丸岡藩の歴史がわかりやすく紹介されているほか、城周辺には約400本の桜が植えられており、4月になると丸岡城桜まつりが開催される。入手できる御城印は2種類。城名を記した通常バージョンと、本多重次が戦場から妻に宛てた手紙の文面をモチーフにしたバージョンがある。

福知山城
~ふくちやまじょう~

天守は明治初期に取り壊されたが、昭和61（1986）年に復活した

写真：福知山市

明智光秀が丹波統治の拠点として築いた城で、現在の天守は江戸時代の絵図資料をもとに復元したもの。天守内部は展示室になっていて、城や福知山市にゆかりのある品々を観覧できる。福知山市街を一望できる天守からの眺めも抜群。2018（平成30）年には、将棋のタイトル戦「竜王戦」の舞台となった。天守入り口前の「豊磐の井」も一見の価値あり。深さはなんと50mもあるというから驚きだ。この井戸は、城外への抜け穴になっているとの言い伝えも残っている。

福知山城の文字は古文書から写し取ったもの

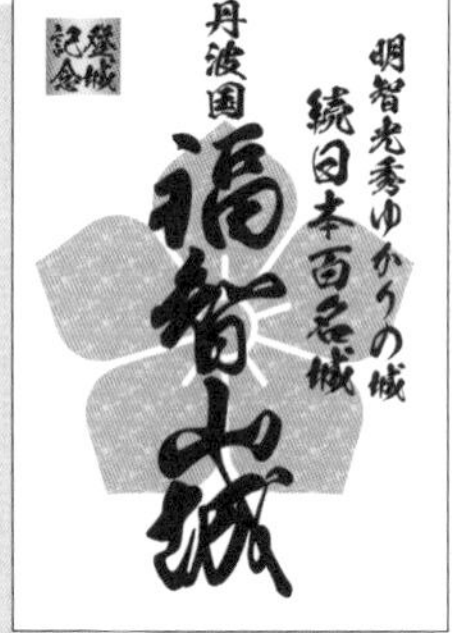

写真：福知山市

DATA

住所 京都府福知山市内記5 アクセス JR福知山駅から徒歩15分 時間・料金 9～17時／無休／330円（天守）

【御城印配布場所】

●福知山城天守
福知山城内／9～17時／無休／1枚300円

筒井定次が築城。後に倒壊した城を藤堂高虎が再建した

近畿

伊賀上野城
～いがうえのじょう～

忍者の地元の名城は容易には攻め落とせない

写真：masaaki67-Fotolia

忍者の里に築かれたこの城は戦国有数の築城の名手・藤堂高虎（とうどうたかとら）の設計。本丸西側の高石垣は高さ30mもある。天守閣内には武具や甲冑（かっちゅう）が展示されているが、中でも興味深いのが藤堂高虎の兜である「唐冠形兜（とうかんなりかぶと）」。ウサギの耳のような奇抜なデザインは、きっと一度見たら忘れられない。チケットは伊賀上野城、忍者博物館、だんじり会館の三館共通券がお得（1750円）。忍者博物館ではからくり忍者屋敷を体感しよう。フクロウを図案化した伊賀忍者の御朱印も販売されている。

蔦（つた）紋は藩主藤堂家の家紋

御城印はこちら

登城記念
伊賀上野城
年　月　日

写真：伊賀文化産業協会

DATA

住所 三重県伊賀市上野丸之内106 アクセス 伊賀鉄道上野市駅から徒歩8分
時間・料金 9～17時／無休／600円（天守）

【御城印配布場所】
●伊賀上野城天守
伊賀上野城内／9～17時／無休／1枚200円
●だんじり会館
三重県伊賀市上野丸之内122-4／伊賀鉄道上野市駅から徒歩8分／9～17時／4月に1日、10月25日の直近日曜およびその前日と前々日休／1枚200円

四国

写真：丸亀市観光協会

丸亀城

～まるがめじょう～

四段になった石垣はトータルで約6mにもなる

ゆかりの武将

生駒親正（いこまちかまさ）

1526～1603（大永6～慶長8）年

織田信長の家来として数々の戦いに出陣し、信長の死後は豊臣秀吉の下で活躍した。秀吉から讃岐国（さぬきのくに）（現在の香川県）を与えられ、高松城（たかまつじょう）と丸亀城を築城。外周を堀（ほり）や土塁（どるい）で囲む「総構（そうがまえ）」スタイルで丸亀の城下町を造った。

現存天守

DATA

住所 香川県丸亀市一番丁
アクセス JR丸亀駅から徒歩15分 時間・料金 9～16時30分（天守）、10～16時（大手一の門）／無休／200円（天守）

【御城印配布場所】

●丸亀城天守
丸亀城内／9～16時30分／無休／1枚300円

四つ目結紋は京極家の家紋

写真：丸亀市観光協会

城の背後を守る三の丸

城の裏手に位置し、二の丸と本丸を取り巻く構造をしているのが三の丸。高石垣が最大の見どころだが、三の丸内にある井戸も必見。抜け穴伝説が残る、興味深い史跡だ

登城の前に記念撮影！

写真：丸亀市観光協会

丸亀城内観光案内所では、記念撮影ができるほか、丸亀城グッズやご当地キャラ商品などのレアアイテムを購入できる

本丸への侵攻を食い止める

本丸手前で防御網となるのが二の丸だ。二の丸に攻め入った敵は頭上の本丸からの攻撃にも晒されることになる。二の丸にある井戸の深さが約65mあり、日本一深い井戸といわれている

天守は現存十二天守の中では最も小ぶりだが、防御力と美しさを兼ね備えている。「石の城」と称されるように、内堀から天守にかけて積み上げられた高石垣が見どころ。とくに、三の丸北側の石垣は高さもさることながら、見た目の美しさも特徴だ。巨石と巨石の隙間を間詰め石という小さな石で埋めたきめ細かな造りにぜひ注目してほしい。

石垣や天守と並ぶ必見ポイントが、堂々たる風格を備えた大手一の門。門の内部は公開されていて、石落としなどの防御施設が見学できる。江戸時代の丸亀城をCG再現したアプリが配信されている。ダウンロードして当時の城内をバーチャル体験してみよう。

中国

月山富田城

～がっさんとだじょう～

山頂までたどりつけば 眼下に絶景が待っている

がっしりした階段状の造りの石垣が見事な三の丸

ゆかりの武将

山中鹿介（やまなかしかのすけ）

1545～1578（天文(てんぶん)14～天正(てんしょう)6）年

ニックネームは「山陰の麒麟児」。主君の尼子(あまご)家に生涯を捧げた悲劇のヒーローで、「我に七難八苦を与えたまえ」と三日月に祈ったといわれる。滅亡した尼子家再興のため奮闘するも、最後は宿敵・毛利家に敗れ死す。

DATA

住所 島根県安来市広瀬町富田　**アクセス** JR安来駅から登城口まで車21分

時間・料金 見学自由

【御城印配布場所】

●安来市立歴史資料館
島根県安来市広瀬町町帳752／JR安来駅から車15分／9時30分～17時／火休／1枚300円

●広瀬絣センター
島根県安来市広瀬町町帳775-1／JR安来駅から車19分／10～17時／水休／1枚300円

御城印はこちら

歴代城主の家紋と三日月に祈る鹿介のシルエット

写真：安来市観光協会

山中鹿介とともに尼子家に思いを馳せよう

太鼓壇（たいこだん）という曲輪（くるわ）には、三日月に祈る山中鹿介像が建っている。現在の太鼓壇は桜の名所として地元では有名だ

山中御殿を越えずして本丸到達は不可能！

主要登城ルートはすべて居館が建ち並んでいた山中御殿（さんちゅうごてん）で合流。上下2段構えの区画になっていた

ハンパな覚悟じゃ登り切れない！

山中御殿から山頂へと続く七曲りは急峻な一本道の軍用道路。いく重にも折れ曲がりながらてっぺんまで登る

まるで山全体が城かと思えるほどの広大さに圧倒されてしまう。山頂の最も奥にある本丸までの道は険しいので、気合と体力がなければ完全攻略は難しい。広々とした山中御殿、小山のように盛り上がった大土塁、蛇のように曲がりくねった七曲り、大石垣が残る千畳平など、見ごたえのある遺構が盛りだくさんだ。歩く距離も長いので、城の全域を巡るなら見学時間は2～3時間はみておいたほうがよい。

月山富田城の歴史を学べる安来市立歴史資料館では、城の全体像を忠実に再現したジオラマ模型がある。実際に攻め入る前に、ルートをイメージしておこう。

まだまだある！

全国御城印リスト

※2020（令和2）年8月現在の情報です
※本編で紹介している城は掲載していません
※ネット販売のみの御城印は掲載していません
※営業時間、定休日等は直接お問合せください。また、曜日により販売場所が異なる場合があります
※別途入館料等がかかる場合や、御城印代とセット料金の場合があります
※複数カ所で販売されている場合は「など」と表記しています
※様々な事情により、御城印の販売が終了する場合があります。最新の情報をご確認ください
※城が広域にわたる場合など、住所の一部を省略しています

北海道・東北

城名	住所	御城印配布場所・住所	御城印料金
勝山館	北海道上ノ国町勝山	**●勝山館跡ガイダンス施設** 北海道上ノ国町勝山427	300円
花沢館	北海道上ノ国町勝山	**●勝山館跡ガイダンス施設** 北海道上ノ国町勝山427	300円
洲崎館	北海道上ノ国町北村92	**●勝山館跡ガイダンス施設** 北海道上ノ国町勝山427	300円
浪岡城	青森県青森市浪岡浪岡五所14-1	**●青森市中世の館** 青森市浪岡浪岡岡田43	300円
堀越城	青森県弘前市堀越柏田243	**●旧石戸谷家住宅** 青森県弘前市川合岡本	300円
種里城	青森県鰺ヶ沢町種里町90	**●光信公の館** 青森県鰺ヶ沢町種里町90	300円
七戸城	青森県七戸町城ノ後	**●七戸町観光交流センターなど** 青森県七戸町荒熊内67-49	300円
聖寿寺館	青森県南部町小向正寿寺・ 小向舘・沖田面沖ノ口	**●史跡聖寿寺館跡案内所** 青森県南部町小向正寿寺81-2	300円
根城	青森県八戸市根城47	**●史跡根城の広場など** 青森県八戸市根城47	300円
三戸城	青森県三戸町梅内城ノ下34	**●三戸町立歴史民俗資料館** 青森県三戸町梅内城ノ下34-29	300円
久慈城	岩手県久慈市大川目町第25地割	**●道の駅くじやませ土風館** 岩手県久慈市中町2-5-6	300円
九戸城	岩手県二戸市福岡城ノ内	**●二戸市埋蔵文化財センター** 岩手県二戸市福岡八幡下11-1	300円

城名	住所	御城印配布場所・住所	御城印料金
盛岡城	岩手県盛岡市内丸1-1-37	**●もりおか歴史文化館** 岩手県盛岡市内丸1-50	300円
花巻城	岩手県花巻市城内	**●花巻市博物館** 岩手県花巻市高松26-8-1	300円
鍋倉城	秋田県横手市平鹿町下鍋倉城戸24	**●遠野市立博物館** 岩手県遠野市東舘町3-9	300円
男鹿崎館	秋田県湯沢市秋ノ宮男鹿崎	**●やきとり居酒屋もみじ** 秋田県湯沢市小野西堺171-1	300円
影平館	秋田県湯沢市秋ノ宮影平	**●やきとり居酒屋もみじ** 秋田県湯沢市小野西堺171-1	300円
椛山城	秋田県湯沢市秋ノ宮九十九沢	**●やきとり居酒屋もみじ** 秋田県湯沢市小野西堺171-1	300円
しなの館	秋田県湯沢市秋ノ宮館ヶ沢	**●やきとり居酒屋もみじ** 秋田県湯沢市小野西堺171-1	300円
八口内城	秋田県湯沢市秋ノ宮時上森	**●やきとり居酒屋もみじ** 秋田県湯沢市小野西堺171-1	300円
矢倉館	秋田県湯沢市秋ノ宮矢倉屋敷	**●やきとり居酒屋もみじ** 秋田県湯沢市小野西堺171-1	300円
八幡林館	秋田県湯沢市石塚岩渕	**●やきとり居酒屋もみじ** 秋田県湯沢市小野西堺171-1	300円
小野城	秋田県湯沢市泉沢古館	**●やきとり居酒屋もみじ** 秋田県湯沢市小野西堺171-1	300円
桐木田館	秋田県湯沢市小野桐木田	**●やきとり居酒屋もみじ** 秋田県湯沢市小野西堺171-1	300円
白館	秋田県湯沢市下院内焼山	**●やきとり居酒屋もみじ** 秋田県湯沢市小野西堺171-1	300円
法領館	秋田県湯沢市下院内館山	**●やきとり居酒屋もみじ** 秋田県湯沢市小野西堺171-1	300円
平城館	秋田県湯沢市桑崎平城	**●やきとり居酒屋もみじ** 秋田県湯沢市小野西堺171-1	300円
瘤沢館	秋田県湯沢市下関瘤沢	**●やきとり居酒屋もみじ** 秋田県湯沢市小野西堺171-1	300円
松根城	秋田県湯沢市上院内松根	**●やきとり居酒屋もみじ** 秋田県湯沢市小野西堺171-1	300円
中屋敷館	秋田県湯沢市高松中屋敷山	**●やきとり居酒屋もみじ** 秋田県湯沢市小野西堺171-1	300円
浅萩館	秋田県湯沢市寺沢浅萩館	**●やきとり居酒屋もみじ** 秋田県湯沢市小野西堺171-1	300円
館堀城	秋田県湯沢市寺沢館堀	**●やきとり居酒屋もみじ** 秋田県湯沢市小野西堺171-1	300円
上の宿館	秋田県湯沢市山田芦ケ沢	**●やきとり居酒屋もみじ** 秋田県湯沢市小野西堺171-1	300円
堂ケ沢館	秋田県湯沢市山田北ノ沢	**●やきとり居酒屋もみじ** 秋田県湯沢市小野西堺171-1	300円

城名	住所	御城印配布場所・住所	御城印料金
草井崎城	秋田県湯沢市横堀館ノ沢	**●やきとり居酒屋もみじ** 秋田県湯沢市小野西堺171-1	300円
湯沢城	秋田県湯沢市古館山	**●にごう商店** 秋田県湯沢市佐竹町3-29	300円
上山城	山形県上山市元城内3-7	**●上山城** 山形県上山市元城内3-7	300円
米沢城	山形県米沢市丸の内1-4	**●米沢観光コンベンション協会観光案内所** 山形県米沢市丸の内1-4-1	330円
仙台城	宮城県仙台市青葉区川内1	**●青葉城本丸会館など** 宮城県仙台市青葉区川内1	300円
白石城	宮城県白石市益岡1-16	**●白石城歴史探訪ミュージアム** 宮城県白石市益岡町1-16	300円
三芦城	福島県石川町下泉	**●石都々古和気神社** 福島県石川町下泉150	300円
三春城	福島県三春町大町	**●観光案内所TENJINなど** 福島県三春町北町10	300円

関東

城名	住所	御城印配布場所・住所	御城印料金
水戸城	茨城県水戸市三の丸2-9-22	**●水戸観光案内所など** 茨城県水戸市宮町1-1-1	300円
下小池城	茨城県阿見町小池	**●だんごのやまだ** 茨城県阿見町うずら野4-26	330円
塙城	茨城県阿見町塙	**●だんごのやまだ** 茨城県阿見町うずら野4-26	330円
福田城	茨城県阿見町福田	**●だんごのやまだ** 茨城県阿見町うずら野4-26	330円
岡見城	茨城県牛久市岡見町	**●ヤマイチ味噌** 茨城県牛久市島田町2713	330円
小坂城	茨城県牛久市小坂町愛宕山	**●ヤマイチ味噌** 茨城県牛久市島田町2713	330円
牛久城	茨城県牛久市城中町	**●芋千** 茨城県牛久市中央5-14-25	330円
東林寺城	茨城県牛久市新地町	**●芋千** 茨城県牛久市中央5-14-25	330円
古河広方館	茨城県古河市鴻巣399-1	**●お休み処坂長** 茨城県古河市中央町3-1-39	300円
古河城	茨城県古河市中央町	**●お休み処坂長** 茨城県古河市中央町3-1-39	300円
壬生城	栃木県壬生町本丸1	**●道の駅みぶみらい館** 栃木県壬生町国谷1870-2	300円

城名	住所	御城印配布場所・住所	御城印料金
小川城	群馬県みなかみ町月夜野	●みなかみ町観光協会 群馬県みなかみ町月夜野1744-1	300円
猿ヶ京城	群馬県みなかみ町猿ヶ京温泉	●まんてん星の湯など 群馬県みなかみ町猿ヶ京温泉1150-1	300円
中山城	群馬県高山村中山3540	●道の駅中山盆地 群馬県高山村中山2357-1	300円
志摩城	千葉県多古町島	●道の駅多古あじさい館 千葉県多古町多古1069-1	300円
多古城	千葉県多古町多古	●道の駅多古あじさい館 千葉県多古町多古1069-1	300円
並木城	千葉県多古町南並木	●道の駅多古あじさい館 千葉県多古町多古1069-1	300円
鶴舞城	千葉県市原市鶴舞708	●つるまいホープラザ 千葉県市原市鶴舞303	300円
臼井城	千葉県佐倉市臼井城之内	●京成佐倉駅前観光案内所など 千葉県佐倉市栄町8-7	300円
本佐倉城	千葉県酒々井町本佐倉781	●京成佐倉駅前観光案内所など 千葉県佐倉市栄町8-7	300円
稲村城	千葉県館山市稲城山	●館山市立博物館 千葉県館山市館山351-2	300円
関宿城	千葉県野田市関宿町1475	●関宿城博物館売店 千葉県野田市関宿三軒家143-4	300円
佐是城	千葉県市原市佐是1011	●光福禅寺など 千葉県市原市佐是1097	300円
池和田城	千葉県市原市池和田	●光福禅寺など 千葉県市原市佐是1097	300円
宮本城	千葉県南房総市富浦町大津	●道の駅とみうら枇杷倶楽部など 千葉県南房総市富浦町青木123-1	300円
滝田城	千葉県南房総市上滝田	●道の駅とみうら枇杷倶楽部など 千葉県南房総市富浦町青木123-1	300円
白浜城	千葉県南房総市白浜町白浜	●道の駅ちくら潮風王国 千葉県南房総市千倉町千田1051	300円
菅谷館	埼玉県嵐山町菅谷	●嵐山史跡の博物館 埼玉県嵐山町菅谷757	200円
小倉城	埼玉県ときがわ町田黒	●建具会館 埼玉県ときがわ町西平709-3	800円
大築城	埼玉県ときがわ町椚平	●建具会館 埼玉県ときがわ町西平709-3	800円
茅ヶ崎城	神奈川県横浜市都筑区茅ケ崎東2	●横浜市歴史博物館 神奈川県横浜市都筑区中川中央1-18-1	300円
寺尾城	神奈川県横浜市鶴見区馬場3	●建功寺 神奈川県横浜市鶴見区馬場1-2-1	300円
小机城	神奈川県横浜市港北区小机町	●横浜市歴史博物館 神奈川県横浜市都筑区中川中央1-18-1	300円

城名	住所	御城印配布場所・住所	御城印料金
衣笠城	神奈川県横須賀市衣笠町	●Cool Clan URAGA 神奈川県横須賀市浦賀1-8-3	300円
怒田城	神奈川県横須賀市吉井1	●Cool Clan URAGA 神奈川県横須賀市浦賀1-8-3	300円
三崎城	神奈川県三浦市城山町	●Cool Clan URAGA 神奈川県横須賀市浦賀1-8-3	300円

中部

城名	住所	御城印配布場所・住所	御城印料金
村上城	新潟県村上市二之町	●藤基神社 新潟県村上市三之町11-12	300円
高田城	新潟県上越市本城町	●上越市立歴史博物館 新潟県上越市本城町7-7	300円
春日山城	新潟県上越市中屋敷春日山	●上越市埋蔵文化財センター 新潟県上越市春日山町1-2-8	300円
鮫ヶ尾城	新潟県妙高市宮内城山	●斐太歴史の里 新潟県妙高市宮内・雪森	300円
小諸城	長野県小諸市丁311	●懐古神社など 長野県小諸市本丸314	300円
春日城	長野県伊那市西町	●旧伊澤家住宅 長野県伊那市西町5597-4	300円
藤沢城	長野県伊那市藤澤御堂垣外	●やさい村信州高遠藤沢郷こかげなど 長野県伊那市高遠町藤沢4217-2	300円
甲府城	山梨県甲府市丸の内1-5	●甲府市観光案内所 山梨県甲府市丸の内1-2-14	300円
新府城	山梨県韮崎市中田町中條	●韮崎市民俗資料館 山梨県韮崎市藤井町南下條786-3	300円
小山城	静岡県吉田町片岡2519	●展望台小山城など 静岡県吉田町片岡2519-1	300円
勝間田城	静岡県牧之原市勝田	●扇松堂菓子店 静岡県牧之原市勝間239	300円
久野城	静岡県袋井市鷲巣	●袋井北コミュニティーセンター 静岡県袋井市久能1330-2	300円
高根城	静岡県浜松市天竜区水窪町地頭方	●みさくぼ路の里 静岡県浜松市天竜区水窪町地頭方248-1	300円
阿木城	岐阜県中津川市阿木	●登城口の案内ポスト 岐阜県中津川市阿木	無料
土岐明智城	岐阜県恵那市明智町947-10	●大正村観光案内所 岐阜県恵那市明智町457	300円
明知城	岐阜県恵那市明智町城山	●大正村観光案内所 岐阜県恵那市明智町457	300円

城名	住所	御城印配布場所・住所	御城印料金
仲深山砦	岐阜県恵那市万ヶ洞	●**大正村観光案内所** 岐阜県恵那市明智町457	300円
妻木城	岐阜県土岐市妻木町上郷	●**妻木八幡神社など** 岐阜県土岐市妻木町3051-1	200円
土岐高山城	岐阜県土岐市土岐津町高山485	●**大竹醤油醸造場** 岐阜県土岐市土岐津町高山181-1	300円
久々利城	岐阜県可児市久々利	●**田中商店** 岐阜県可児市久々利1533	300円
美濃金山城	岐阜県可児市兼山古城山	●**戦国山城ミュージアム** 岐阜県可児市兼山675-1	300円
明智城	岐阜県可児市瀬田	●**大手口横の露店（不定期）**	300円
大垣城	岐阜県大垣市郭町2-52	●**大垣城天守** 岐阜県大垣市郭町2-52	300円
墨俣一夜城	岐阜県大垣市墨俣町墨俣1742-1	●**墨俣一夜城** 岐阜県大垣市墨俣町墨俣1742-1	300円
郡上八幡城	岐阜県郡上市八幡町柳町一の平659	●**郡上八幡城受付** 岐阜県郡上市八幡町柳町一の平659	300円
大桑城	岐阜県山県市大桑	●**十五社神社など** 岐阜県山県市大桑2281	300円
山口城	岐阜県本巣市文殊1-16	●**道の駅織部の里もとすなど** 岐阜県本巣市山口676	300円
垂井城	岐阜県垂井町垂井	●**垂井駅前観光案内所** 岐阜県垂井町1812-10	300円
竹中陣屋	岐阜県垂井町岩手	●**垂井駅前観光案内所** 岐阜県垂井町1812-10	300円
菩提山城	岐阜県垂井町岩手	●**垂井駅前観光案内所** 岐阜県垂井町1812-10	300円
長宗我部陣跡	岐阜県垂井町栗原	●**垂井駅前観光案内所** 岐阜県垂井町1812-10	300円
浅野幸長陣跡	岐阜県垂井町118	●**垂井駅前観光案内所** 岐阜県垂井町1812-10	300円
毛利秀元陣跡	岐阜県垂井町宮代	●**垂井駅前観光案内所** 岐阜県垂井町1812-10	300円
吉川広家陣跡	岐阜県垂井町宮代	●**垂井駅前観光案内所** 岐阜県垂井町1812-10	300円
安国寺恵瓊陣跡	岐阜県垂井町宮代	●**垂井駅前観光案内所** 岐阜県垂井町1812-10	300円
池田輝政陣跡	岐阜県垂井町宮代244	●**垂井駅前観光案内所** 岐阜県垂井町1812-10	300円
長束正家陣跡	岐阜県垂井町宮代1401	●**垂井駅前観光案内所** 岐阜県垂井町1812-10	300円
田峯城	愛知県設楽町田峯	●**田峯城** 愛知県設楽町田峯	100円

城名	住所	御城印配布場所・住所	御城印料金
設楽原	愛知県新城市竹広大宮清水1-9	●設楽原歴史資料館 愛知県新城市竹広信玄原552	300円
宇利城	愛知県新城市中宇利仁田	●設楽原歴史資料館 愛知県新城市竹広信玄原552	300円
新城城	愛知県新城市新城東入船	●設楽原歴史資料館 愛知県新城市竹広信玄原552	300円
野田城	愛知県新城市豊島本城	●設楽原歴史資料館 愛知県新城市竹広信玄原552	300円
柿本城	愛知県新城市下吉田	●長篠城址史跡保存館 愛知県新城市長篠市場22-1	300円
亀山城	愛知県新城市作手清岳城山	●作手歴史民俗資料館 愛知県新城市作手高里縄手上35	300円
古宮城	愛知県新城市作手清岳宮山	●作手歴史民俗資料館 愛知県新城市作手高里縄手上35	300円
田原城	愛知県田原市田原町巴江	●田原市博物館 愛知県田原市田原町巴江11	300円
吉田城	愛知県豊橋市今橋町	●豊橋市美術博物館 愛知県豊橋市今橋町3-1	300円
船形山城	愛知県豊橋市雲谷町	●普門寺 愛知県豊橋市雲谷町ナベ山下7	300円
足助城	愛知県豊田市足助町須沢	●足助城 愛知県豊田市足助町須沢39-2	300円
武節城	愛知県豊田市武節町城山	●いなぶ観光協会 愛知県豊田市武節町針原4-1	300円
岡崎城	愛知県岡崎市康生町	●岡崎城天守 愛知県岡崎市康生町561-1	300円
大草城	愛知県知多市大草東屋敷110-1	●地蔵寺など 愛知県知多市東屋敷43-1	300円
大野城	愛知県常滑市金山桜谷	●常滑市観光プラザ 愛知県常滑市鯉江本町5-186-2	300円
小牧山城	愛知県小牧市堀の内	●小牧市歴史館など 愛知県小牧市堀の内1-1	300円
清洲城	愛知県清須市清洲古城	●清洲城など 愛知県清須市朝日城屋敷1-1	300円
末森城	愛知県名古屋市千種区城山町2	●城山八幡宮 愛知県名古屋市千種区城山町2-88	500円
岩崎城	愛知県日進市岩崎町市場	●岩崎城歴史記念館 愛知県日進市岩崎町市場67	200円
富山城	富山県富山市本丸1-62	●富山市まちなか観光案内所 富山県富山市本丸1-45	300円
高岡城	富山県高岡市古城1-9	●高岡古城公園三の丸茶屋 富山県高岡市古城1-1-9	300円
増山城	富山県砺波市増山	●砺波市埋蔵文化財センター 富山県砺波市頼成566	300円

城名	住所	御城印配布場所・住所	御城印料金
七尾城	石川県七尾市古城町	●**七尾城史資料館** 石川県七尾市古屋敷町シカマ藪8-2	300円
高尾城	石川県金沢市高尾町	●**白山市鳥越一向一揆歴史館** 石川県白山市出合町甲26	300円
鳥越城	石川県白山市三坂町	●**白山市鳥越一向一揆歴史館** 石川県白山市出合町甲26	300円
蓮台寺城	石川県小松市蓮台寺町	●**白山市鳥越一向一揆歴史館** 石川県白山市出合町甲26	300円
越前大野城	福井県大野市城町3-109	●**越前大野城** 福井県大野市城町3-109	300円
北ノ庄城	福井県福井市中央1	●**柴田神社** 福井県福井市中央1-21-17	1000円
金ヶ崎城	福井県敦賀市金ヶ崎町	●**金崎宮** 福井県敦賀市金ケ崎町1-4	300円
国吉城	福井県美浜町佐柿	●**若狭国吉城歴史資料館** 福井県美浜町佐柿25-2	200円
熊川城	福井県若狭町熊川	●**若狭鯖街道熊川宿資料館宿場館** 福井県若狭町熊川30-4-2	300円

近　畿

城名	住所	御城印配布場所・住所	御城印料金
賤ヶ岳城	滋賀県長浜市木之本町大音	●**ホテルサンルート彦根売店** 滋賀県彦根市旭町9-14	330円
長浜城	滋賀県長浜市公園町10-10	●**長浜城歴史博物館など** 滋賀県長浜市公園町10-10	300円
小谷城	滋賀県長浜市湖北町伊部	●**小谷城戦国歴史資料館など** 滋賀県長浜市上町139	300円〜
玄蕃尾城	滋賀県長浜市余呉町柳ヶ瀬・ 福井県敦賀市刀根	●**ホテルサンルート彦根売店** 滋賀県彦根市旭町9-14	330円
鎌刃城	滋賀県米原市番場	●**Cafe&Gallery源右衛門軒先など** 滋賀県米原市番場1844	300円
京極氏館	滋賀県米原市上平寺	●**伊吹山文化資料館** 滋賀県米原市春照77	300円
上平寺城	滋賀県米原市藤川	●**伊吹山文化資料館** 滋賀県米原市春照77	300円
長比城	滋賀県米原市柏原	●**伊吹山文化資料館** 滋賀県米原市春照77	300円
八講師城	滋賀県米原市梓河内	●**伊吹山文化資料館** 滋賀県米原市春照77	300円
弥高寺	滋賀県米原市弥高	●**伊吹山文化資料館** 滋賀県米原市春照77	300円

城名	住所	御城印配布場所・住所	御城印料金
佐和山城	滋賀県彦根市佐和山町	●彦根市観光案内所など 滋賀県彦根市古沢町40 JR彦根駅構内	300円
安土城	滋賀県近江八幡市安土町下豊浦	●ホテルサンルート彦根売店 滋賀県彦根市旭町9-14	330円
八幡山城	滋賀県近江八幡市宮内町	●瑞龍寺など 滋賀県近江八幡市宮内町19-9	300円
日野城	滋賀県日野町西大路	●ホテルサンルート彦根売店 滋賀県彦根市旭町9-14	330円
三雲城	滋賀県湖南市吉永城山	●長谷商店など 滋賀県湖南市吉永292-1	300円
水口岡山城	滋賀県甲賀市水口町水口古城	●甲賀市ひと・まち街道交流館 滋賀県甲賀市水口町八坂7-4	200円
水口城	滋賀県甲賀市水口町本丸	●水口城資料館など 滋賀県甲賀市水口町本丸	300円
大溝城	滋賀県高島市勝野	●ホテルサンルート彦根売店 滋賀県彦根市旭町9-14	330円
坂本城	滋賀県大津市下阪本3	●禅明坊光秀館など 滋賀県大津市坂本5-13-1	300円〜
大津城	滋賀県大津市浜大津5	●ホテルサンルート彦根売店 滋賀県彦根市旭町9-14	330円
膳所城	滋賀県大津市本丸町	●ホテルサンルート彦根売店 滋賀県彦根市旭町9-14	330円
伊勢亀山城	三重県亀山市本丸町	●亀山市観光協会など 三重県亀山市関町新所664-2	200円
津城	三重県津市丸之内	●津駅観光案内所 三重県津市羽所町700	200円
松坂城	三重県松阪市殿町	●豪商のまち松阪観光交流センター 三重県松阪市魚町1658-3	200円〜
大河内城	三重県松阪市大河内町城山	●大河内地区市民センター 三重県松阪市大河内町796	(寄付制)
田丸城	三重県玉城町田丸	●村山龍平記念館 三重県玉城町田丸114-1	無料
鳥羽城	三重県鳥羽市鳥羽3	●鳥羽駅観光案内所など 三重県鳥羽市鳥羽1-8-13	200円
赤木城	三重県熊野市紀和町赤木122	●道の駅熊野・板屋九郎兵衛の里 三重県熊野市紀和町板屋82	330円
田辺城	京都府舞鶴市南田辺	●田辺城資料館 京都府舞鶴市南田辺15-22	300円
宮津城	京都府宮津市鶴賀	●天橋立駅観光案内所 京都府宮津市河原1850	300円
山家城	京都府綾部市広瀬町上ノ町76	●あやべ観光案内所 京都府綾部市駅前通東石ケ坪11-4	300円
丹波亀山城	京都府亀岡市荒塚町内丸1	●万祥殿 京都府亀岡市荒塚町内丸1	300円

城名	住所	御城印配布場所・住所	御城印料金
園部城	京都府南丹市園部町小桜町	**●南丹市立文化博物館** 京都府南丹市園部町小桜町63	300円
聚楽第	京都府上京区中立売通浄福寺東	**●京都市考古資料館** 京都市上京区今出川大宮東入ル元伊佐町265-1	300円
周山城	京都府京都市右京区京北周山町	**●慈眼寺など** 京都府京都市右京区京北周山町上代4	300円
勝龍寺城	京都府長岡京市勝竜寺	**●JR長岡京駅前観光情報センターなど** 京都府長岡京市神足2-3-1	300円
信貴山城	奈良県平群町信貴山	**●信貴山観光iセンター** 奈良県生駒町信貴山2280-1	200円
郡山城	奈良県大和郡山市城内町	**●柳沢文庫** 奈良県大和郡山市城内町2-18	300円
飯盛城	大阪府四條畷市・大東市	**●大東市歴史民俗資料館など** 大阪府大東市野崎3-6-1	300円
岸和田城	大阪府岸和田市岸城町9-1	**●岸和田城天守** 大阪府岸和田市岸城町9-1	300円
千早城	大阪府千早赤阪村千早	**●金剛山麓まつまさ** 大阪府南千早赤阪村千早950	500円
池田城	大阪府池田市城山町	**●池田城跡公園** 大阪府池田市城山町3-46	100円
猿岡城	和歌山県紀の川市粉河	**●観光特産センターこかわ** 和歌山県紀の川市粉河2046-1	300円
新宮城	和歌山県新宮市新宮7691-1	**●阿須賀神社** 和歌山県新宮市阿須賀1丁目2-25	300円
出石城	兵庫県豊岡市出石町内町	**●いずし観光センター** 兵庫県豊岡市出石町内町104-7	300円
有子山城	兵庫県豊岡市出石町伊木1	**●いずし観光センター** 兵庫県豊岡市出石町内町104-7	300円
黒井城	兵庫県丹波市春日町黒井	**●道の駅丹波おばあちゃんの里など** 兵庫県丹波市春日町七日市710	300円
篠山城	兵庫県丹波篠山市北新町2-3	**●篠山城大書院館** 兵庫県丹波篠山市北新町2-3	300円
八上城	兵庫県丹波篠山市八上内高城山	**●篠山城大書院館** 兵庫県丹波篠山市北新町2-3	300円
三木城	兵庫県三木市上の丸町5	**●みき歴史資料館** 兵庫県三木市上の丸町4-5	200円
明石城	兵庫県明石市明石公園1-27	**●明石公園サービスセンター** 兵庫県明石市明石公園1	300円
洲本城	兵庫県洲本市山手1	**●洲本市立淡路文化史料館** 兵庫県洲本市山手1-1-27	200円

中国・四国

城名	住所	御城印配布場所・住所	御城印料金
若桜鬼ヶ城	鳥取県若桜町若桜	**●若桜町観光案内所** 鳥取県若桜町若桜356-1	300円
鳥取城	鳥取県鳥取市東町2	**●仁風閣など** 鳥取県鳥取市東町2-121	300円
太閤ヶ平陣	鳥取県鳥取市帝釈山	**●鳥取市歴史博物館やまびこ館など** 鳥取県鳥取市上町88	300円
米子城	鳥取県米子市久米町	**●米子市立山陰歴史館など** 鳥取県米子市中町20	300円
赤穴瀬戸山城	島根県飯南町	**●道の駅赤来高原** 島根県飯南町下赤名880-3	300円
七尾城	島根県益田市七尾町	**●益田市観光協会** 島根県益田市駅前町17-2	800円
津山城	岡山県津山市山下135	**●津山城備中櫓** 岡山県津山市山下135	300円
岡山城	岡山県岡山市北区丸の内2	**●岡山城天守御みやげ処** 岡山県岡山市北区丸の内2	300円
福山城	広島県福山市丸之内1	**●福山城博物館** 広島県福山市丸之内1-8	200円
三原城	広島県三原市館町1	**●うきしろロビー観光案内所** 広島県三原市城町1-1-1	300円
新高山城	広島県三原市本郷町本郷	**●うきしろロビー観光案内所** 広島県三原市城町1-1-1	300円
吉田郡山城	広島県安芸高田市吉田町吉田	**●安芸高田市歴史民俗博物館など** 広島県安芸高田市吉田町吉田278-1	300円
小倉山城	広島県北広島町新庄	**●道の駅舞ロードIC千代田など** 広島県北広島町有田1122	300円
今治城	愛媛県今治市通町3-1-3	**●今治城天守** 愛媛県今治市通町3-1-3	300円
湯築城	愛媛県松山市道後公園	**●湯築城資料館** 愛媛県松山市道後公園1	300円
大洲城	愛媛県大洲市大洲903	**●本丸横売店** 愛媛県大洲市大洲903	300円

九州

城名	住所	御城印配布場所・住所	御城印料金
小倉城	福岡県北九州市小倉北区城内2-1	**●しろテラスなど** 福岡県北九州市小倉北区城内2-1	300円
唐津城	佐賀県唐津市東城内	**●唐津城天守** 佐賀県唐津市東城内8-1	200円
佐賀城	佐賀県佐賀市城内2-18-1	**●佐賀城本丸歴史館** 佐賀県佐賀市城内2-18-1	300円
陣の森城	佐賀県小城市芦刈町芦溝庄左衛門	**●福田寺** 佐賀県小城市芦刈町芦溝807	(寄付制)
玖島城	長崎県大村市玖島1	**●大村公園観光案内所** 長崎県大村市玖島1-45-3	300円
島原城	長崎県島原市城内1-1183-1	**●島原城天守** 長崎県島原市城内1-1183-1	300円
金田城	長崎県対馬市美津島町黒瀬	**●観光情報館ふれあい処つしま** 長崎県対馬市厳原町今屋敷672-1	300円
中津城	大分県中津市二ノ丁	**●中津城天守** 大分県中津市二ノ丁	300円~
杵築城	大分県杵築市杵築	**●杵築城** 大分県杵築市杵築	300円
日出城	大分県日出町二の丸	**●二の丸館** 大分県日出町2612-1	300円
臼杵城	大分県臼杵市臼杵	**●臼杵市観光交流プラザ** 大分県臼杵市臼杵100-2	300円
鞠智城	熊本県山鹿市菊鹿町米原443-1	**●温故創生館** 熊本県山鹿市菊鹿町米原443-1	300円
富岡城	熊本県苓北町富岡	**●苓北町歴史資料館** 熊本県苓北町富岡本丸2245-11	300円
綾城	宮崎県綾町北股	**●綾国際クラフトの城** 宮崎県綾町北俣1012	300円
出水城	鹿児島県出水市麓町	**●竹添邸など** 鹿児島県出水市麓町5-17	(寄付制)
清色城	鹿児島県薩摩川内市入来町	**●入来麓観光案内所** 鹿児島県薩摩川内市入来町浦之名35-2	300円
串木野城	鹿児島県いちき串木野市上名	**●いちき串木野市総合観光案内所** 鹿児島県いちき串木野市上名3018	300円
志布志城	鹿児島県志布志市志布志町帖内城	**●志布志市総合観光案内所** 鹿児島県志布志市志布志町志布志2-28-11	300円

城めぐりがより楽しくなる
お城用語の基礎知識

あ〜お

【石落とし（いしおとし）】
石垣と一体化した天守や櫓の裾を少し外にせり出し、そこから石を落とせるようにした仕掛け。

【埋門（うずみもん）】
隠し扉のように、壁や石垣の中に埋もれた形になった出入り口。角度によってはその存在が確認できないため、城外の敵に気付かれず出入りできる。

埋門

【馬出（うまだし）】
城の外側に向けて飛び出している小さな曲輪のこと。土塁で囲まれ、入口は狭くなっていて、外からは見えなくなっていることが多い。敵を急襲する出撃拠点にもなる。四角いものを角馬出（かくうまだし）、半円状のものを丸馬出（まるうまだし）と呼ぶ。武田家の城でよく見られる。

【大手（おおて）】
「追手（おうて）」とも。城の正面のこと。「大手道」は、その城のメインの登城ルート。城の正面玄関にあたるのが「大手門」。

【帯曲輪（おびくるわ）】
幅が狭く横長になった曲輪のこと。より大きな曲輪が上段にあり、その脇の斜面に複数、並んで設けられていることが多い。

か〜こ

【加藤清正（かとうきよまさ）】
藤堂高虎とともに、築城名人として名高い戦国武将。その最高傑作が熊本城（熊本県熊本市）といわれる。元々は秀吉の家臣で、石垣山一夜城（神奈川県小田原市）や名護屋城（佐賀県唐津市）などでもその築城技術をいかんなく発揮した。

【空堀（からぼり）】
水の入っていない堀。地面に落差を作ることで、攻めて来る敵が近づきづらくなる。山城の場合、大半の堀は空堀。

空堀

【搦手（からめて）】

城の裏口のこと。


【切岸（きりぎし）】

斜面をさらに人工的に削り、急角度にした構造。下から見ると巨大な壁のよう。


【城（ぐすく）】

琉球（現在の沖縄県）の城のこと。ほかの地域の城と異なり、長大な石垣で城域の外周部をぐるりと囲むスタイル。


【曲輪（くるわ）】

「廓」「郭」とも。城の一区画のこと。一の丸、二の丸……と、「丸」と表記することもある。


【現存天守（げんぞんてんしゅ）】

江戸時代以前に建てられ、今も残っている天守のこと。
●弘前城（青森県弘前市）
●松本城（長野県松本市）
●丸岡城（福井県坂井市）
●犬山城（愛知県犬山市）
●彦根城（滋賀県彦根市）
●姫路城（兵庫県姫路市）
●松江城（島根県松江市）
●備中松山城（岡山県高梁市）
●丸亀城（香川県丸亀市）
●松山城（愛媛県松山市）
●宇和島城（愛媛県宇和島市）
●高知城（高知県高知市）
以上の12城のみ。名古屋城（愛知県名古屋市）や和歌山城（和歌山県和歌山市）など、太平洋戦争の空襲で燃えてしまった天守も多い。


【刻印石（こくいんせき）】

大勢の武将が築城に関わった際、誰が運んだり積んだりしたか、表面を彫って記された石のこと。家紋のこともあれば、刻印用の記号が使われていることもあり、どの武将のものか不明の場合もある。大坂城の山里丸（やまざとまる）には、刻印石が多数並ぶ「刻印石広場」がある。


【虎口（こぐち）】

曲輪の入口部分。幅が狭くなっており、大人数が一気に侵入できないようになっている。外側に四角形の別の空間を設けたり、L字型を組み合わせて食い違いにしたり、手のこんだタイプもある。

虎口

さ〜そ

【狭間（さま）】

城壁に空いている、○□△の穴のこと。弓矢や鉄砲で、身を隠しながら城外にいる敵を狙撃できる。


【支城（しじょう）】

本城の周囲に点在し、連携し

て敵の攻撃と対峙（たいじ）する。本城に比べると比較的小ぶりな城が多い。

【障子堀（しょうじぼり）】

障子の桟（さん）のような盛り土部分がある空堀。堀の中の横移動を難しくするための仕掛け。山中城を筆頭に、北条家の城でよく見られる。

障子堀

【石塁（せきるい）】

石を積み上げたもの。比較的小ぶりの石で、高さもそれほど高くないものが多い。

た～と

【太鼓櫓（たいこやぐら）】

時刻を知らせるために鳴らした、太鼓が吊られていた櫓のこと。

太鼓櫓

【巽櫓（たつみやぐら）】

「辰巳櫓」とも。東南の方角、昔の表記で辰巳（たつみ）に建てられた櫓のこと。東北なら艮（うしとら）櫓、西南なら坤（ひつじさる）櫓、西北なら乾（いぬい）櫓となる。

【竪堀（たてぼり）】

斜面に縦方向に長く掘られた堀。ただでさえ登りにくい斜面を、さらに凸凹にしてある。いくつも平行して並んでいるのが畝状（うねじょう）竪堀。

竪堀

【多門櫓（たもんやぐら）】

一階建で横に長い櫓。平城で、石垣の上、曲輪の外周部分に作られていることが多い。防御壁としての役割のほか、内部を倉庫としても使用できる。

【付城（つけじろ）】

「陣城（じんじろ）」ともいう。敵の城を攻める際、その近くに臨時で築く前線の拠点。小田原城を攻める際、豊臣秀吉が築いた石垣山一夜城が有名。攻め落としたい城を囲むように、いくつも点々と築かれることもある。

【詰の城（つめのしろ）】

麓に館がある場合、いざというときに籠もる山城のこと。

【出丸（でまる）】

城の主要部から小島のように離れていたり、飛び出した先端部分にある曲輪。見張りに用いたり、主要部と挟み撃ちにしたりする。大坂城の真田丸が有名。


【天下普請（てんかぶしん）】

豊臣秀吉(とよとみひでよし)や徳川家康（とくがわいえやす）、およびその後の徳川将軍家などの天下人が、諸大名に命じて行う築城工事のこと。大坂城や江戸城など、大規模な城が多い。城以外の大規模な土木工事を指すこともある。


【藤堂高虎（とうどうたかとら）】

加藤清正と並ぶ戦国時代の築城名人。五角形の不思議な形をした宇和島城（愛媛県宇和島市）、全国二位の高石垣と水堀を組み合わせた伊賀上野城（三重県伊賀市）、瀬戸内海と一体化した水城・今治城（愛媛県今治市）と、あらゆるタイプの城を築いている。


【土橋（どばし）】

堀切や空堀を渡るために造られた、土手になった部分。幅が狭くなっていて一気には進めないため、城側からすると重要な防衛ポイントとなる。


【土塁（どるい）】

土を盛って固めた部分。山城で、曲輪の外周部にぐるりと巡らせていることが多い。空堀を掘った土で、すぐ脇に土塁を設けてあることも。空堀でへこませ、土塁で盛り上げることで、高低差が二倍になるので、防御も比例してより強力になる。

土塁

な〜の

【根小屋（ねごや）】

平地にある、戦がないときに暮らすエリアのこと。屋敷が建ち並んでいた。敵が攻めて来た際は、より守りの堅い詰の城に退く。

は〜ほ

【廃城（はいじょう）】

使用されなくなった城のこと。陣城の大半は戦が終わると放棄され、廃城となる。江戸時代初期の一国一城令（いっこくいちじょうれい）、明治時代初期の廃城令で廃城となった城も多い。


【破城（はじょう）】

不要となった城を、再利用できないよう破壊すること。


【破風（はふ）】

屋根を横から見て、三角形になっているてっぺんの部分のこと。天守の破風は、金属や彫刻で装飾がされていることが多い。

破風

【引橋（ひきはし）】

いざとなったら橋を引き上げて、敵が渡れないようにできる吊橋。

【兵糧攻め（ひょうろうぜめ）】

兵糧とは食糧のこと。攻め手が城を大軍で囲み、動けないようにした状態で、城内の食糧がなくなるまでその状態を続ける戦法。力攻めに比べると被害は少ないが時間と費用がかかり、兵数も必要なため、大勢力でないと難しい。秀吉が得意とした戦法で、三木城（兵庫県三木市）、鳥取城（鳥取県鳥取市）を兵糧攻めで落としている。

【平城（ひらじろ）】

平地に築かれた城のこと。戦国時代末期や江戸時代初期など、比較的時代が下ってからの築城が多い。規模が大きく、高石垣と立派な櫓や天守がよく見られる。それ以前の小規模の平城では、周辺の湿地帯を利用したり、周囲に堀を設けたりして防御力をアップさせていることも。

【平山城（ひらやまじろ）】

平城と山城の中間、小高い丘などに築かれた城。

【堀切（ほりきり）】

V字に鋭く削られた部分。山城では築城技術の基本中の基本で、尾根に多く見られる。空堀と同じように、高低差をつけて移動しづらいようにしてある。脇に竪堀をともなうこともある。

堀切

【本城（ほんじょう）】

その武家の最も重要な城のこと。合戦の際は最大の拠点となる。

【本丸（ほんまる）】

「主郭」とも。城の最も重要な曲輪のこと。城内で最も標高が高い場所のことが多いが、なかには凹んだ窪地が主郭となっていることもある。

ま〜も

【水城（みずき）】

海岸や湖岸に造られた城のこと。水を引き込み水堀とする。後世の埋め立てにより、かつての全体像がわかりづらくなっている場合が多い。高松城（香川県高松市）や今治城（愛媛県今治市）が有名。

【水攻め（みずぜめ）】

城の周囲を水浸しにして城から動けないようにする戦法。

いったん上流で川をせき止めてから堤防を築き、溜まった大量の水を流し込む。秀吉が備中高松城（びっちゅうたかまつじょう）攻めで実行したのが有名。家臣の石田三成も忍城攻めで採用したが、堤防を破壊され逆に大被害を受けて失敗してしまった。

【水の手】

井戸や湧き水、池など城内にある水源。水がないと籠城（ろうじょう）戦に耐えられないため、城にはほぼ必ずある。雨水を溜めるタイプのものもある。

【武者返し】

熊本城の反り返った高石垣のように、登るのが非常に難しい石垣のこと。

【武者溜まり】

土塁で隠された、横に長く凹んだ部分で、外にいる敵に見つからないように、素早く横移動できる。

【もぐら攻め】

攻め手が城外から密かにトンネルを掘り、城内への抜け道を造って攻め込む戦法。本拠地の甲斐国（かいのくに。現在の山梨県）に金山があり、鉱夫を多数動員できた武田家が得意とした。

や〜よ

【館】

居住のための建物だが、周囲に空堀や水堀を巡らせたり、土や木の塀や柵をもうけたりと、合戦を想定した構造物を備えているものもある。

【櫓】

「矢倉」とも。城内に建てられた木造建築物。見張りのために高くなった物見櫓（ものみやぐら）、敵から身を隠して移動できる廊下のような渡櫓（わたりやぐら）など、形も使用目的もさまざま。

【櫓門】

2〜3階建ての櫓と一体化した門のこと。下を通過しようとする敵を頭上から攻撃できるため、防御性が極めて高い。

【山城】

勾配（こうばい）の急な低山の山頂付近に築かれていることが多い。元々の自然地形を活かしつつ、空堀や土塁などの土木技術を駆使して守りを固めてある。

【横堀】

空堀の一種。一定の幅で、斜面と平行方向に掘られている。なかには10数mにわたって、延々と続いているものもある。

横堀

編者紹介

おもしろ城郭史研究会

“お城に詳しくなくても楽しめるオモシロ知識”をモットーに日々研究するお城のスペシャリスト集団。
今回はお城でもらえる「御城印」に着目し、全国を調査。行きやすい城、一度は見ておきたい城、様々な楽しい体験ができる城など他の御城印本では見かけない、親子で楽しむノウハウ満載のありそうでなかった一冊に仕上げた。

今泉慎一

歴史ジャンルの著書、編書多数。

編集協力／風来堂
本文デザイン／国井潤、前田宏治（United）
巻頭特集写真／旅音.林 澄里
カバー写真／旅音.林 澄里（小田原城）、mtaira-Fotolia（丸岡城）、
伊那市（高遠城）、Adobe Stock（松本城）

親子(おやこ)でめぐる！
御城印(ごじょういん)さんぽ

2020年10月1日　第1刷

編者　今泉慎一(いまいずみしんいち)＆おもしろ城郭史研究会(じょうかくしけんきゅうかい)
発行者　小澤源太郎

責任編集　株式会社プライム涌光
電話　編集部　03(3203)2850

発行所　株式会社青春出版社
東京都新宿区若松町12番1号〒162-0056
振替番号　00190-7-98602
電話　営業部　03(3207)1916

印刷　大日本印刷　製本　大口製本

万一、落丁、乱丁がありました節は、お取りかえします。
ISBN978-4-413-11336-6 C0026